Mein gesunder
Leonberger

Dominik Kieselbach

© 2001, bede-Verlag, Bühlfelderweg 12, 94239 Ruhmannsfelden
Konzept der Reihe „Mein gesunder...",
Herstellung und Gestaltung: bede-Verlag
email: info@bede-verlag.de
Internet: www.bede-verlag.de

Für die fachliche Durchsicht bedanke ich mich sehr herzlich bei Herrn Gerhard Zerle,
1. Vorsitzender des „Deutschen Club für Leonberger Hunde e. V."
Herrn Dr. Wöhrl, Berlin, und Frau Marburg danke ich für die Hilfe bei den Praxisaufnah-
men und ihre freundliche Unterstützung.
Mein besonderer Dank gilt Frau Susanne Hintzen aus Meerbusch, die uns eine Vielzahl
ihrer Leonberger Fotos zur Verfügung stellte und damit wesentlichen dazu beigetragen
hat, dass dieses Buch so wunderbar bebildert werden konnte.

Alle Fotos Susanne Hintzen, sofern nicht anders angegeben.

ISBN 3-933 646-71-5
bede-Bestellnummer MG 018

Inhalt

Leonberger Hunde gehören zu den imposantesten Rassen, die wir kennen. Nicht nur ihre beeindruckende Körpergröße, sondern auch ihr sanftes Wesen haben sie in den letzten Jahren immer beliebter gemacht. Dabei hat der Leonberger seinen Platz als Familienhund in vielen Haushalten weltweit gefunden.

Dieses Buch gibt Ihnen viele Ratschläge von der richtigen Auswahl, über die notwendige Erziehung bis hin zu einer gesundheitsbewussten Ernährung. Im Vergleich zu anderen Büchern stehen hier nicht die Ausstellungshunde, der ideale Körperbau oder die Zucht im Vordergrund. Wir gehen vor allem auf die Gesundheitsvorsorge ein, die für Sie als Hundehalter die hauptsächliche Beachtung finden sollte. Wir wollen Ihnen all

das Wissen an die Hand geben, das Sie benötigen, um Krankheiten frühzeitig zu erkennen, das Verhalten Ihres Leonbergers richtig einzuschätzen und ihm ein langes und gesundes Leben zu ermöglichen. Dazu gehört neben einem rassespezifischen Teil über die häufigsten Krankheiten auch ein eigenes Kapitel zur Ersten Hilfe, mit dem Sie sich und Ihren Hund vertraut machen sollten. Leonberger Hunde sind durch eine vernünftige Zuchtauswahl eine gesunde Rasse, doch lassen sich Krankheitsfälle nie ausschließen. Hierauf bereitet Sie unser Buch vor, damit Sie im Fall der Fälle angemessen reagieren können. Dieses Buch ersetzt nicht den Tierarztbesuch, es soll Sie sensibel für die Gesundheitsvorsorge machen.

Die erste Begegnung mit einem Leonbergers vergisst man nicht so schnell. Obwohl auch die Größe dieser Hunde beeindruckt, ist man erstaunt, wie gutmütig und liebevoll diese Riesen sind.

Leonberger Welpen unterscheiden sich nicht nur in ihrer Größe deutlich von den Eltern, sie zeigen sich auch in einem ganz anderen Fell, als ausgewachsene Hunde.
Foto: I. Francais

Bei vielen Hunderassen gestaltet sich die Suche nach dem Ursprung der Rasse und ihrer Entwicklung zum heutigen Standard hin als sehr schwierig. Häufig sind kaum verlässliche Aufzeichnungen über die Rassegeschichte überliefert und wir können genaue Aussagen meist erst über die jüngere Geschichte einer Rasse machen. Erst im neunzehnten Jahrhundert wurden Hunde zunehmend nicht mehr nur als Gebrauchshunde verwendet, sondern fanden ihren Weg immer mehr in Haushalte, in denen sie aus Tierliebe oder leider auch oft aus Prestigegründen gehalten wurden. Die äußere Erscheinung der Hunde trat mehr in den Vordergrund und spielte zumindest eine mitentscheidende Rolle für die Auswahl durch die Besitzer. Diese wollten einen Hund der ihnen äußerlich gefällt, aber auch von seinem Wesen her für die Haltung als Familienhund geeignet ist. Die Auswahl der Zuchttiere konnte sich somit nicht mehr rein nach der ursprünglichen Gebrauchseignung der Hunde-

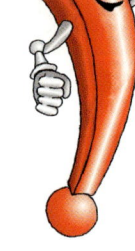

Denken Sie dran!

Jede Hunderasse hat ihre ganz eigene Entstehungsgeschichte mit eigenen Zuchtzielen. Diese Zuchtziele, zu Zeiten, als von Rassehunden noch nicht gesprochen wurde, prägen den Charakter und den Körperbau dieser Hunde bis heute. Die Entstehungsgeschichte einer Rasse zu kennen, bedeutet, ihre Bedürfnisse besser zu verstehen.

Leonberger gehören zu den jungen Rassen. Ihre Entstehungs-geschichte lässt sich sehr gut ver-folgen und wir wissen sehr genau, dass erste Züchtungen in der Mitte des neunzehnten Jahrhunderts in der Stadt Leon-berg stattfanden. Ziel war es, einen stattlichen Hund zu züchten, der mit seinem ruhi-gen und sicheren Wesen überzeu-gen sollte, ohne dass er eine bestimmte Gebrauchseig-nung aufweisen sollte.

Trotz ihrer Kraft und Größe wurden die wenigsten Leonberger als Arbeitshunde eingesetzt. Sie waren Statussymbole und Familienhunde.

rassen richten, sie unterwarf sich vielmehr dem Schönheitsideal der Züchter und Halter. Wesenszüge, die eine Haltung in der Familie ermöglichen, wurden bevorzugt. Die Entstehungsgeschichte des Leonbergers ist im Prinzip schnell erzählt, denn es existieren gute Aufzeichnungen über seinen Ursprung und auch die Hunderassen, aus denen er hervorging, waren für diese frühen Jahre der Hundezucht schon erstaunlich einheitlich in ihrer Erscheinung. Selbstverständlich gab es auch beim Leonberger wie bei so vielen Rassen zu Beginn der Reinzucht Höhen und Tiefen zu überwinden, doch beginnen wir am Anfang der Geschichte, im Baden-Württenbergischen Städtchen Leonberg in der Mitte des neunzehnten Jahrhunderts.

Es war die Zeit, zu der die Rassehundezucht noch in den Kinderschuhen steckte, wenige Rassen wirkliche Anerkennung besaßen und die Hunde noch mehr durch ihre Gebrauchseignung und allgemeine Erscheinung, als durch detaillierte Standards unterschieden wurden. Man sprach von Alpenhunden, Metzgerhunden, Treib- oder Jagdhunden, um nur einige zu nennen. Aber das Interesse an Rassehunden stieg und somit auch die Preise, die man mit einem Hund erzielen konnte. Die Hundezucht wurde zum lukrativen Geschäftszweig für den, der die Zeichen der Zeit verstand und der Handel mit Hunden entstand. Einer der größten Hundehändler seiner Zeit war in Leonberg zu Hause, das damals mit nur etwa 2 000 Einwohner ein recht bescheidenes Städtchen war. Heinrich Essig (1808–1889) war seines Zeichens Stadtrat von Leonberg und zugleich ein bedeutender Tiergroßhändler, der nicht nur mit Hunden handelte. Jährlich soll er mehrere hundert Hunde in alle Herren Länder verkauft haben und kam auf die Idee, seine eigene Rasse zu züchten. Der Trend der Zeit ging zu immer größeren, langhaarigen Hunden, die Entwicklung in der Neufundländerzucht zeigt dies deutlich, und der Hundefreund und Geschäftsmann Essig sah wohl die Möglichkeit, hier mit seiner eigenen Rasse ein gutes Geschäft zu machen. Er hatte das Idealbild eines großen, langhaarigen Hundes, mit einem ruhigen, freundlichen und sicheren Wesen vor Augen, ohne daß dies aber mit bestimmten Gebrauchseignungen verknüpft sein musste. Der Leonberger sollte vor allem ein unkomplizierter Wach- und Begleithund sein. Eine andere Variante der Entstehungsgeschichte sagt, dass Essig den Leonberger zu Ehren seiner Heimatstadt Leonberg züchtete. Die Stadt besitzt in ihrem Wappen einen Löwen, dessen Erscheinung der Leonberger erreichen sollte. Verlässliche Aussagen, welche Geschichte stimmt, existieren meines Wissens nach nicht, doch wird der geschickte Kaufmann Essig hier das Praktische mit dem Nützlichen verbunden haben.

Das erste Datum, das mit der Geburtsstunde des Leonbergers immer wieder erwähnt wird, ist nach Essigs eigenen Aufzeichnungen das Jahr 1846. Hier soll

Neufundländer und Bernhardiner waren die Ahnen der heutigen Leonberger. Diese Hunde versprachen, sowohl die erhoffte Größe, als auch die gewünschte Sanftheit und Ruhe zu vererben.

Essigs Worten nach der erste, seinen Vorstellungen entsprechende Leonberger geboren worden sein. Den Beginn erster Kreuzungen müssen wir somit einige Jahre zuvor ansetzen, zu Beginn der vierziger Jahre des neunzehnten Jahrhunderts. Für seine Vorstellung vom Leonberger fand Essig zwei hervorragend geeignete Rassen als Zuchtmaterial, den Neufundländer und den St. Bernhardshund. Essig selbst besaß selbst eine schwarz-weiße Neufundländerin (in Deutschland als Landseer bekannt) und hatte einen regen Kontakt zum Klosterhospiz Großer Sankt Bernhard, die ihm einen ihrer Sankt Bernhardshunde (den heutigen Bernhardiner) zu Zuchtzwecken zur Verfügung stellten. Die Jun-

Der Leonberger wurde zu einer Zeit gezüchtet, als die Rassehundezucht begann und versprach, ein lukratives Geschäft zu werden. Die Vorliebe der damaligen Zeit waren große Hunde mit langem Fell. Der Leonberger verkörpert das Ideal seiner Zeit!

gen aus dieser Züchtung hatten in ihrer Erscheinung zunächst recht wenig mit den heutigen Leonbergern zu tun. Wenn zwei gefleckte Hunde gekreuzt werden, dann ist klar, dass auch die Nachkommen vor allem gefleckt waren. Eines erreichte Essig aber schnell bei seinen ersten Zuchten, die stattliche Größe und eine dichte, lange Behaarung. Essigs Wunsch waren letzlich einheitlich helle Hunde mit dunkler Gesichtsmaske, was er durch weitere Einkreuzungen heller St. Bernhardshunde und schließlich dem Einkreuzen eines Pyrenäenberghundes erreichte. Diese Hunde haben ein helles, fast weißes und langes Fell. Doch noch bis zum Ende des neunzehnten Jahrhunderts war nicht das einheitliche Aus-

sehen der Rasse erreicht, das sie Essig wünschte. Neider und böse Zungen sagten schnell, dass nun jeder Hund, der groß war und sich nicht näher einordnen ließ, als Leonberger bezeichnet würde. Der schnelle Fall eines ebenso schnelleren Aufstiegs der Rasse bahnte sich an. Dabei hat doch alles so gut angefangen. Die Leonberger verkauften sich zunächst zu Spitzenpreisen in die gesamte Welt, was neben ihrer imposanten Erscheinung und auf ihr treues, sanftes Wesen zurückzuführen war. Essig war zu der Zeit kein Unbekannter und es lag auch an seinen guten Kontakten, dass sich viele Berühmtheiten der Zeit einen Leonberger anschafften und dieser Rasse zu immer breiterem Ansehen verhalfen.

So gehörten zu den ersten stolzen Besitzern unter anderen Otto Fürst von Bismark, Richard Wagner und der russische Zar. Doch war der Leonberger zu uneinheitlich als Rasse, zu nahe am Bernhardiner und nach Essigs Tod 1889 zunächst ohne Fürsprecher. Der Leonberger schien als Rasse unterzugehen, durfte er doch zuletzt schon nicht mehr als eigene Rasse auf Ausstellungen gerichtet werden, sondern ging auf in der Masse der Alpenhunde und ähnlich großer Verwandter.

Die Rettung für die Leonberger in Deutschland nahte in Form des „Internationalen Klubs für Leonberger Hunde", der sich 1895 mit Sitz in Stuttgart gründete. Es wurde schnellstens der so lange benötigte Standard geschaffen und die Zucht wieder vorangetrieben. Vor allem der Erste Weltkrieg war ein herber Rückschlag für die sich gerade erst erholende Rasse und auch der zweite Weltkrieg hinterließ seine negativen Spuren. In den Nachkriegsjahren, in denen die Menschen schon genug damit beschäftigt waren, sich selbst und ihre Familie zu versorgen, war ein so großer Hund kaum mehr zu ernähren und somit nicht tragbar für eine Familie. Mit der Gründung des „Deutschen Clubs für Leonberger Hunde e. V." am 10. Juni 1948 mit Sitz in Leonberg ging es mit der Rasse langsam aber beständig bergauf. Weltweit gründeten sich immer mehr Clubs rund um den Leonberger. In Deutschland existiert heute ein Club für Leonberger, dem sich nach kurzer eigener Vereinsgeschichte auch der nach der Wende 1990 in den Neuen Bundesländern gegründete Leonberger-Club anschloss. Der „Deutsche Club für Leonberger Hunde e.V." setzt sich heute allein für die Interessen und den Fortbestand dieser herrlichen Rasse in Deutschland ein. Nicht zuletzt dem Engagement dieses Vereins und der Schaffung eines internationalen Zusammenschlusses vieler Leonberger-Clubs inder „Internationalen Union für Leonberger Hunde" ist es zu verdanken, dass heute eine breite Zuchtbasis geschaffen ist und der VDH in den letzten Jahren konstant über 750 Welpen melden kann, mit einem Rückgang 1999, als nur 596 Welpen gemeldet wurden.

Das Neufundländerblut ist dem Leonberger auch heute noch anzumerken, seine Wasserliebe ist ein eindeutiges Indiz dafür.

Die Welpen der Leonberger sind sehr verspielte und verschmuste Hunde. Erwachsene Leonberger sind sehr ruhige Hunde, die zwar ihren Auslauf benötigen, aber mit einem längeren Spaziergang am Tag zufrieden sind.
Foto: I. Francais

Der Leonberger wurde Mitte des neunzehnten Jahrhunderts mit klaren Zielvorstellungen über seine Erscheinung und sein Wesen gezüchtet. Der Leonberger sollte ein großer, langhaariger Hund werden, der vermutlich als Repräsentant der Stadt dienen und dem Wappentier Löwe, möglichst ähneln sollte. Als Zuchttiere dienten Stadtrat Essig sowohl seine eigene, schwarz-weiße Neufundländerin, als auch Bernhardiner und später ein Pyrenäen Berghund. Den kompletten Standard der Rasse, der hier nur auszugsweise wiedergegeben wird, erhalten Sie kostenlos auf den Internetseiten des „Deutschen Club für Leonberger Hunde e.V." oder der F.C.I., auch wird Ihnen der Standard vom Verein gerne ausgehändigt.

Das Wesen der Leonberger

In ihrem Wesen vereinen die Leonberger die Eigenschaften der Rassen, aus denen sie gezüchtet wurden. Sie sind geprägt durch die Wesenszüge der Neufundländer und Bernhardiner. Leonberger sind an erster Stelle sanftmütig und kinderlieb mit der notwendigen Selbstsicherheit. Im Umgang mit Kindern zeigen Leonberger ihre vom Standard geforderte souveräne Gelassenheit. Sie würden nie auf die Idee kommen, Kindern ihre Grenzen anders zu zeigen, als einfach aufzustehen und davon zu gehen. Sie passen sich problemlos in die Familie ein und kommen auch mit anderen Tieren und Hunden gut zurecht. Eine Rangordnung, wie sie für das Meutetier Hund so unabdingbar zu sein scheint, ist dem Leonberger zumeist fremd. Natürlich gibt es auch bei diesen Hunden die Ausnahmen und einzelne Leonberger verhalten aggressiv gegenüber anderen Hunden. Manch Leonberger zeigt sich auch zu schüchtern, doch kann dem mit einer guten Wesensprüfung und überdachter Zuchtauswahl entgegengewirkt werden. Schüchterne, ängstliche Hunde sind nicht zuletzt allzu oft das Produkt einer schlechten Erziehung und Sozialisierung.

Der Leonberger ist über Jahrzehnte hinweg als Familienhund gezüchtet worden, wurde aber nicht von Beginn an nur als Familienhund gesehen, sondern leistete vielen Bauern Hilfe beim Ziehen schwerer Lasten an Karren und wurde früher auch als Wachhund eingesetzt. Aufgaben, die er heute kaum noch übernimmt. Doch durch seine imposante Größe scheint der Leonberger für viele ein idealer Wachhund zu sein, allerdings besitzt der Leonberger eine sehr hohe Reizschwelle und er wird nur im Aus-

Leonberger sind sehr kinderliebe Hunde, die eine sehr hohen Reizschwelle haben. Bevor sie aggressiv reagieren, gehen sie dem Streß lieber aus dem Weg. Dennoch ist der Leonberger kein Hund, der in Kinderhände gehört. Dafür ist er einfach zu groß und kann von einem Kind nicht kontrolliert werden.

Leonberger scheinen keine Rangordnung zu kennen. Selbst in größeren Gruppen treten keinerlei Streitigkeiten auf. Auch mit anderen Hunden und Tieren vertragen sie sich gut.

nahmefall Gebrauch von seiner Kraft machen. Obwohl der Standard ihn auch als Wachhund ausweist, ist der Leonberger heute in erster Linie ein Familienhund. Fremden gegenüber ist er nicht sonderlich misstrauisch und kann ihnen aufgrund seiner Größe ohne Furcht entgegentreten. Die meisten Leonberger verbellen Fremde nicht. Eine Ausbildung zum Wach- oder Schutzhund ist nicht unbedingt empfehlenswert, können diese Ausbildungen doch zum einen den Charakter der Hunde zerstören, zum anderen stellen viele Übungen die großen Hunde vor ernste Probleme, die auch gesundheitliche Risiken für Gelenke, Sehnen, Bänder und Muskeln mit sich bringen können.

Vom Neufundländer hat der Leonberger eine gute Portion Freude am Wasser geerbt und Sie werden bei vielen Leonbergern feststellen können, dass ihnen ein Bad besonderes Vergnügen bereitet. Obwohl der Leonberger ein sehr großer Hund ist, ist er doch nicht träge und phlegmatisch. Er braucht seinen Auslauf und ist gerne an der frischen Luft. Doch keine Angst, der Leonberger ist kein überaktiver Hund, er braucht seine Ruhe und wenn Sie einen der täglichen Spaziergänge etwas ausweiten, so genügt ihm dies. Der Leonberger ist kein Hund für harte Ausbildungen, seine Größe und sein Gewicht stehen vielen Hindernis- oder Agilityübungen entgegen. Er ist ein gemütlicher, gutmütiger Familienhund für Leute, die keinen Sporthund brauchen, sondern die in ihrem Hund einen treuen Partner sehen. Dennoch, Leonberger werden nicht nur groß, sondern auch sehr kräftig. Ihre Erziehung muss in fester Hand liegen, denn kräftemäßig sind Sie einem ausgewachsenen Rüden unterlegen. Trotz seines liebevollen Wesens ist der Leonberger nicht nur ein Schmusehund, sondern kann seine Kräfte je nach der Situation auch einsetzen.

Der Körperbau der Leonberger

Der Standard beschreibt den Leonberger von seiner äußeren Erscheinung her als einen sehr großen, kräftigen und muskulösen Hund, der dennoch elegant wirkt. Leonberger sind eher langgestreckte, wenig kompakt wirkende Hunde.

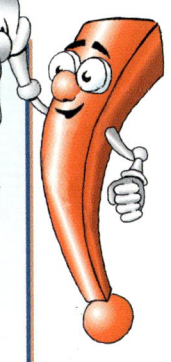

Denken Sie dran!
Die Entscheidung für eine bestimmte Rasse darf nicht auf Äußerlichkeiten begründet sein, wichtig ist der Charakter des Hunds und ob er zu Ihnen passt. Dabei spielt das unterschiedliche Temperament der Rassen eine entscheidende Rolle. Ihre persönliche Aktivität sollte der des Hunds entsprechen.

Der Kopf ist eher tiefer als breit und wirkt somit langgestreckt. Die Haut liegt am Kopf an und bildet keine Stirnfalten. Der Stop ist nur mäßig ausgeprägt, aber klar erkennbar. Der Fang ist eher lang, nie spitz zulaufend, die Lefzen sind anlie-

Anuschka ist eine hochprämierte fünfjährige Hündin. Der Körperbau der Leonberger zeigt perfekte Proportionen und keinerlei züchterische Übertreibungen.

Androsch liegt am Strand! Ein Leonberger kann schon der ganze Stolz seiner Besitzer sein, besonders wenn es sich um so einen Prachtkerl handelt. Auf dem kleinen Fotos können sie eine der vielen Hundefreundschaften sehen, die auch Ihr Leonberger im Lauf seines Lebens schließen wird. Diese Kontakte sind schon im Welpenalter wichtig für Ihren Hund, damit er später offen auf andere Hunde zugehen kann.

gend, in den Winkeln geschlossen und ebenso wie die Nase schwarz pigmentiert. Der Kiefer ist kräftig mit einem Scherengebiss, Zangengebiss ist zulässig. Ein Fehlen höchstens der Molaren 3 wird toleriert. Die Augen sind braun, wobei dunklere Augen bevorzugt werden, mittelgroß und oval. Die Augenlider liegen eng an und zeigen keine Bindehaut. Die mittelgroßen Ohren setzen hoch am Kopf an, werden hängend und anliegend getragen.

Der Hals beschreibt einen leichten Bogen und geht ohne Absatz in den Widerist über, der besonders beim Rüden ausgeprägt ist. Der Rücken ist gerade, breit und geht in die lange, sanft abgerundete Kruppe über. Die Brust ist breit und tief, geht mindestens bis zu den Ellenbogen herab, zeigt sich aber nicht tonnenförmig, sondern im Querprofil eher oval. Die untere Profillinie ist nur leicht aufgezogen. Die Rute ist sehr reich behaart, wird im Stand hängend, in der Bewegung nur leicht nach oben gebogen getragen, so dass sie die Rückenlinie nicht überschreitet.

Die Gliedmaßen sind besonders beim Rüden sehr kräftig, nicht zu eng gestellt, gerade und parallel. Die Pfoten sind gerade gestellt und geschlossen, mit gut gewölbten Zehen und schwarz pigmentierten Ballen. Afterklauen dürfen nur unter Beachtung der Bestimmungen des Tierschutzgesetzes entfernt werden.

Das Fell ist mittelweich bis derb, lang, glatt bis nur gering gewellt. Es scheitelt sich nicht und lässt trotz deutlicher Unterwolle die Form des Gebäudes gut erkennen. Besonders beim Rüden bildet das Fell eine Mähne an Hals und Brust. An Farben sind Löwengelb, Rot, Rotbraun und Sandfarben, sowie alle Kombinationen zugelassen. Die schwarze Maske muss vorhanden sein, jedoch darf, mit Ausnahme schwarzer Haarspitzen, diese Farbe das Gesamtbild nicht dominieren. Ein weißer Brustfleck oder Bruststrich werden ebenso toleriert wie einzelne weiße Haare an den Pfoten.

Die ideale Wideristhöhe beträgt beim Rüden 76 cm, mit einer Toleranz von 72 bis 80 cm, die Hündin zeigen ein ideales Maß bei 70 cm, wobei hier Größen zwischen 65 und 75 cm toleriert werden.

Die heutige Verwendung des Leonbergers

Den Leonberger finden wir heute vor allem als Familienhund. Seine Ausbildung zum Begleithund wird gerade auf Grund seiner Größe und Kraft vom Verein empfohlen, weitere Ausbildungen sind jedoch eher die Ausnahme. Wenige Leonberger eignen sich als Schutzhunde und legen die Schutzhundprüfungen ab. Seine Größe und die damit verbundene, relative Unflexibilität und die Gesundheitsrisiken für Gelenke, Sehnen und Muskeln verbieten übermäßige Belastungen im Agilitybereich und vielen anderen Hundesportarten. Ebenso eignet sich der Leonberger nicht als Begleiter am Fahrrad oder auf längeren Joggingstrecken.

Leonberger sind über viele Jahre auf Menschenliebe und Eingliederung in die Familie gezüchtet worden. Wenn Sie einen lieben Familienhund suchen, sich mit dem Charakter des Leonbergers identifizieren können und sich der Erziehung eines großen Hundes gewachsen sehen, haben Sie in ihm den idealen Partner gefunden.

Sie haben sich für den Kauf eines Hundes entschieden und es soll ein Leonberger sein. Sie können es sicher kaum erwarten, endlich Ihren Hund bei sich zu haben und hätten gerne den Besten der ganzen Welt. Bevor Sie sich jedoch unvorbereitet in eine Beziehung stürzen, die viele Jahre dauern wird, sollten Sie die folgenden Zeilen unbedingt lesen, sich Rat bei befreundeten Hundehaltern und Ihrem Leonberger-Verein holen. Überdenken Sie Ihre Entscheidung nochmals gründlich, denn die Anschaffung eines Hundes ist keine Entscheidung aus dem Bauch. Sie nehmen ein Lebewesen in Ihre Familie auf und werden die Familie für dieses Lebewesen, Sie werden Jahre Ihres Lebens miteinander verbringen und sollten sich somit auch gegenseitig prüfen. Die Frage ist nicht, ob ein Leonberger zu mir oder ich zu ihm passe, die Frage ist, ob wir zueinander passen.

Der Laie sieht es dem Welpen nicht umbedingt an, wie groß er später wird! Aber seien Sie sicher, jeder Leonberger Welpe erreicht einmal eine stattliche Größe. Dessen müssen Sie sich vor dem Kauf bewusst sein!

Voraussetzungen für die Haltung eines Leonbergers

Sicher haben Sie sich schon Gedanken über den Kauf eines Hundes gemacht, bevor Sie dieses Buch erworben haben und genauso sicher ist ein Leonberger für Sie in die engere Wahl gekommen. Bei der Auswahl eines Hundes dürfen Sie sich nicht zunächst von der äußeren Erscheinung leiten lassen, wichtiger sind der Charakter und die Ansprüche des Hundes und wie Sie diesen gerecht werden können. Über den Charakter der Leonberger konnten Sie im vorangegangenen Kapitel schon einiges lesen, jedoch soll hier nocheinmal etwas genauer auf die damit verbundenen Ansprüche dieser Hunde und Ihre Rolle als Besitzer eingegangen werden. Wenn Sie sich einen Leonberger anschaffen, müssen Sie vor allem eines haben - Zeit sich um ihn kümmern zu können. Zeit ist wichtig, denn Ihr Hund kann noch so einen tollen Garten am Haus, Platz in der Wohnung oder Liebe der ganzen Familie bekommen, wenn er den ganzen Tag alleine ist, kann er sich weder wohlfühlen, noch sich zu einem sozialen Mitglied Ihrer Familie, seines Rudels entwickeln. Leonberger sind eine sehr große Rasse und gelten allgemein als etwas träger und bewegungsscheuer, was aber nur bedingt gilt. Es ist richtig, dass sie

Leonberger sind zwar große Hunde, ihr Bewegungsdrang ist aber beschränkt. Die Haltung in einer Stadtwohnung ist zwar nicht zu empfehlen, aber schon ein Reihenhaus mit kleinem Garten bietet Ihrem Hund genügend Auslauf.

mehrere Spaziergänge täglich. Leonberger sind keine Stubenhocker, sie wollen bei jedem Wetter beschäftigt werden und brauchen ihren Freiraum. Leonberger sind, wie schon gesagt, keine Hunde, die zum Hundesport geeignet sind oder gerne neben dem Fahrrad herlaufen. Sportliche Aktivitäten belasten diese großen Hunde zu sehr und sind nur im begrenzten Umfang zu empfehlen. Es muss Ihnen bei der Anschaffung klar sein, dass jedes Mitglied Ihres Haushalts seinen Beitrag dazu leisten muss, dass sich Ihr Hund bei Ihnen wohl fühlt. Dazu gehört zunächst die Akzeptanz jedes Einzelnen, dass überhaupt ein Hund angeschafft wird und eine klare Aufgabenteilung unter den Familienmitgliedern, nicht zuletzt die Verantwortung, bei Wind und Wetter mit Ihrem Hund mindestens drei- bis viermal nach draußen zu gehen. Denken Sie auch an die Ferienzeiten, denn ab sofort ist da ein weiterer Gast auf Ihren Reisen, der besondere Ansprüche an die Unterkunft und Reisemittel stellt. Nicht jede Unterkunft nimmt Hunde auf, eine lange Fart mit dem Auto oder Bahn will gut geplant sein, Flugreisen verteuern sich um einiges.

nicht das quirlige Temperament vieler kleinerer Hunderassen besitzen, dennoch benötigen sie ihren Auslauf und

Denken Sie dran!
Bevor Sie sich auf die Suche nach einem Welpen machen, prüfen Sie zunächst sich selbst. Ein Welpenkauf darf niemals spontan, unüberlegt oder sogar auf das Drängen anderer geschehen. Sie verbringen einige Jahre Ihres Lebens mit dem Hund, der Hund sein ganzes Leben mit Ihnen, dieser Verantwortung müssen Sie sich bewusst sein.

Wieviel Raum benötigen Leonberger?
Ein großer Hund braucht immer etwas mehr Platz in der Wohnung. Ihnen muss klar sein, dass Sie keinen Leonberger in einer 30 qm Neubauwohnung ohne Garten halten können. Eine kleinere Wohnung mit Garten ist aber generell besser, als eine große, in der Ihr Hund den Tag lang bis aufs Gassigehen eingesperrt ist. Raum für Ihren Hund ist also nicht

gleichzusetzen mit der Größe der Wohnung oder Gartens, sondern mit der Nutzfläche zur Bewegung. Bitte lassen Sie Ihren Leonberger sein Dasein nicht in einem Zwinger fristen, schon gar nicht, wenn Sie nur einen Hund besitzen. Leonberger brauchen soziale Kontakte zu ihrer Familie. Der Hund wird alleine im Zwinger nicht artgerecht gehalten, er kann schwere Verhaltensstörungen zeigen, die von Schreckhaftigkeit bis zu Aggressionen führen. Der Ausschluss aus seinem Rudel ist für einen Hund die schlimmste Strafe! Besitzen Sie mehrere Hunde, so ist gegen einen stundenweisen Aufenthalt im Zwinger nichts einzuwenden, wenn Sie ihn ausreichend groß und nicht nur innerhalb der gesetzlich vorgeschriebenen Mindestmaße

bauen. So sollte ein Zwinger für zwei Leonberger mindestens 20 qm Fläche besitzen, einen schattigen Bereich und eine Hütte aufweisen. Haben Sie einen Garten, dann kann ich Ihnen zu einer Zwingeranlage raten, denn sie ist eine gute Möglichkeit für Ihren Hund auch bei schlechtem Wetter einige Stunden alleine im Freien zu verbringen. Die Zwingerhaltung darf nur nicht aus Bequemlichkeit zur Gewohnheit werden und kann nur für kurze Zeit am Tag eine Alternative für einen gemeinsamen Aufenthalt im Freien darstellen.

Ihr Haus oder Ihre Wohnung müssen Ihrem Hund offenstehen. Natürlich kann es den einen oder anderen Raum geben, den der Hund nicht betreten darf, doch kann es nicht sein, dass letztendlich der

Leonberger und Kinder können die besten Freunde werden. Dennoch sollten Sie Ihre Kinder nicht unbeaufsichtigt mit den Hunden spielen lassen und Ihren Kindern zeigen, was sie mit ihrem vierbeinigen Freund tun können und lassen müssen.

Flur der einzige, ständige Aufenthaltsort für ihn darstellt. Seinen Schlafplatz braucht der Hund genauso wie seinen Futterplatz, beide bitte nicht in Heizungsnähe und möglichst an einem kühleren Ort. Das Leben in den gleichen Räumen bringt zwei der meist unerfreulicheren Seiten der Hundehaltung mit sich: eine Menge Haare und Schmutz. Dafür kann Ihr Hund nichts, daran kann er nichts ändern und Sie müssen sich darüber im klaren sein, dass Leonberger mit ihrem dichten, langen Fell und der Unterwolle fast ständig eine Menge Haare lassen werden.

Rein rechtlich müssen Sie als Mieter die Hundehaltung mit Ihrem Vermieter besprechen, wenn nicht schon im Mietvertrag eindeutige Vereinbarungen zur Haltung stehen.

Mit einem Leonberger haben Sie sich für einen sehr großen Hund entschieden, der trotz aller Sanftmut seinen eigenen Dickkopf besitzt und eine konsequente Erziehung braucht, was manchen Menschen schon einen gewissen Mut abverlangt. Besonders Rüden mit ihrem deutlich massiveren Körperbau bedürfen einer konsequenten Erziehung und einer starken Hand, die sie führt. Überlegen Sie sich lieber vor dem Kauf, ob Sie sich dieser Aufgabe gewachsen sehen. Wer sich einem so großen Hund nicht gewachsen sieht, der sollte es lieber lassen, denn die Hundeerziehung kann nur auf gegenseitigem Respekt basieren.

Neben allen räumlichen und zeitlichen Ansprüchen, die Ihr Hund hat, wird er Sie auch Geld kosten. Was so banal klingt, wird schnell wesentlich, wenn durch unvorhersehbare Erkrankungen oder Unfälle plötzliche Tierarztkosten anstehen, die auch schnell mehrere hundert Mark kosten können. Aber auch im Normalfall fallen Tierarztkosten für Impfungen und Routineuntersuchungen an, das Futter will bezahlt werden und die Gemeinden und Städte verlangen teilweise nicht unerhebliche Hundesteuern. Da Sie laut BGB für alle Schäden haften, die Ihr Hund verursacht, sollten Sie sich Gedanken über den Abschluss einer erweiterten Haftpflichtversicherung, einer sogenannten Hundehalterhaftpflicht, machen, die für diese Schäden aufkommt. Als Größenordnung für die Futter- und planmäßigen Tierarztkosten veranschlagen Sie zwischen 150 und 250 DM, je nach Alter und Größe Ihres Leonbergers.

Welche weiteren Überlegungen sollte ich vor dem Kauf anstellen?

Leonberger sind ideale Familienhunde, auch allein gehalten und auch für Familien mit kleineren Kindern. Aber auch der gutmütigste Hund in der Größe eines Leonbergers kann ersteinmal beängstigend auf ein kleines Kind wirken! Bringen Sie die beiden einander vorsichtig näher. Ein Leonberger gehört auf Grund seiner Kraft aber auf keinen Fall in Kinderhände, die ihn im Notfall nicht werden stoppen können.

Welchen Charakter haben Sie? Stellen Sie sich diese Frage, denn gleich und gleich gesellt sich gern. Leonberger sind recht ruhige Zeitgenossen, bellen selten und sind mehr an Spaziergängen als an langen Märschen und sportlichen Aktivitäten interessiert. Sie bedürfen einer konsequenten Erziehung, werden aber selten zu weiteren Prüfungen als der Begleithundprüfung angemeldet.

Leonberger sind sehr große Hunde mit einem entsprechenden Gewicht. Stellen Sie sich vor, Sie sollten einen bewegungsunfähigen, über 60 kg wiegenden Rüden aus dem vierten Stock einer Altbauwohnung ohne Fahrstuhl hinunter

gewachsener Hunde dieser Größe ist vor dem 18. Lebensmonat anfällig für Hüftschäden, die gerade durch Treppensteigen negativ begünstigt werden.

Hündin oder Rüde

Die Entscheidung zwischen einem Rüden und einer Hündin stellt Sie vor allem dann vor Probleme, wenn Sie

Eine häufig gestellte Frage ist die, ob man sich einen Rüden und eine Hündin kaufen sollte. Letztlich ist es eine reine Geschmackssache. Nur wenn Sie bereits einen Hund besitzten, sollten Sie die Wahl genauer überdenken.

befördern. Aus einer Wohnung ohne Fahrstuhl in den oberen Stockwerken kann ein solcher Koloss in einer Notsituation schlecht gerettet werden, der Transport wird zum Wagnis. Wenn Sie in einem Mietshaus wohnen, dann sollten Sie nicht höher als im ersten Stock wohnen. Auch wenn das Haus einen Fahrstuhl besitzt, kann dieser immer einmal ausfallen. Das Skelett noch nicht aus-

bereits Hunde besitzen. Zwei Rüden können unweigerlich in Rangordnungskämpfe verfallen, ein Rüde und eine Hündin müssen während der Läufigkeit getrennt werden, die beste Wahl stellen hier noch zwei Hündinnen dar. Ansonsten entscheiden Sie sich bei einem Rüden für den deutlich größeren und massiveren Vertreter, der konsequent erzogen werden muss, damit Sie ihm

immer unter Kontrolle haben. Während der Läufigkeit seiner Liebsten aus der Nachbarschaft kann er so manchen Abend heulend an der Tür verbringen. Bei einer Hündin haben Sie Probleme während ihrer Läufigkeit, wenn Sie nämlich zur Verfolgten aller Rüden der Nachbarschaft wird. Rein von der Sauberkeit her merken Sie anfangs die Hitze Ihrer Hündin gar nicht, denn die Tiere halten sich selbst sehr sauber. Vom Wesen her kann ein zarter Rüde durchaus anhänglicher sein als eine dominante Hündin und die Vorhersage, dass alle Hündinnen lieber und zärtlicher sind als die meist dominierenden und schwierigeren Rüden stimmt in beiden Richtungen nicht immer. Die Hündinnen sind von ihrer Erscheinung die zarteren Hunde, wirken schlanker und zeigen deutlich feminine Züge im Körperbau und besonders auch in der schlankeren Kopfform.

Der kleine Leonberger Welpe oben denkt noch nicht ans Altwerden, er möchte erstmal ausgiebig spielen und erwachsen werden.

Androschs Vater Caspar im Alter von 10 1/2 Jahren und somit ein echter Leo-Veteran! Generell werden große Hunde nicht so alt, wie kleinere Rassen.

Welpe oder ausgewachsener Hund?

Eine weitere Entscheidung, die von Ihnen getroffen werden muss, ist, ob Sie sich einen Welpen oder einen ausgewachsenen Hund anschaffen. Für einen Welpen sprechen einige Gründe, gerade wenn es Ihr erster Hund ist. Sie erleben jeden Lebensabschnitt mit Ihrem Hund gemeinsam und können die Erziehung selbst in die Hand nehmen. Besorgen Sie sich einen ausgewachsenen Leonberger, wissen Sie nicht immer, wie er aufgewachsen ist und aus welchen Verhältnissen er kommt. Fehler, die bei der Aufzucht und Erziehung gemacht wurden, können meist nun nur noch schwer und oft nur mit viel Aufwand korrigiert werden. Andererseits können Sie auch Glück haben und erwerben einen bestens erzogenen, lieben Leonberger, der Ihnen einige Vorteile bieten kann. Zum Beispiel können Sie nicht alle Erkrankungen einem Welpen sofort ansehen, Verhaltensstörungen können sich erst spät zeigen, auch Störungen im Knochen- und Gelenkaufbau, allen voran die HD und ED, zeigen sich erst beim ausgewachsenen Hund. Ein paar gute Gründe, auch über den Erwerb eines erwachsenen Hundes nachzudenken. Gerade wenn Sie die Ambition haben mit dem Hund zu züchten, haben Sie hier das Risiko, zuchtausschließende Mängel beim Welpen nicht erkannt zu haben, ausgeschlossen.

Wo kaufe ich meinen Hund?

Haben Sie sich für einen Leonberger entschieden, wollen Sie einen gesunden Hund aus vertrauenwürdigen Händen. Bei der Suche nach Ihrem perfekten Hund wenden Sie sich am besten an den „Deutschen Club für Leonberger Hunde e. V." oder greifen auf die Empfehlungen von Freunden und Bekannten zurück, die selbst einen gesunden Hund erworben haben. Generell kann ich Ihnen keine Standardempfehlung geben, wo und bei wem Sie Ihrem Hund am besten kaufen, denn es ist zu einfach zu sagen, dass Sie bei einem Züchter generell den gesündesten Hund erwerben. Es ist immer eine Frage, wie die Hunde gehalten und behandelt werden. Nach der allgemeinen Erfahrung in Deutschland kann Ihnen an dieser Stelle nur dazu geraten werden, Ihren Leonberger bei einem privaten Züchter zu kaufen, der Mitglied in einem dem VHD angeschlossenen Verein ist. In Deutschland gibt es nur einen Club, der sich um die Leonberger küm-

Denken Sie dran!

Hundekauf ist Vertrauenssache, doch blindes Vetrtrauen ist wie überall fehl am Platz. Lassen Sie sich vom Züchter die Papiere seiner Hunde zeigen, die Impfpässe der Welpen und die Ahnentafeln. Eine Hundezucht ist immer nur so gut, wie die Zuchtüberwachung der Vereine. In Deutschland bürgt die Mitgliedschaft im VDH dafür, dass die Hunde nach bestem Wissen gezüchtet werden und kein „Hundevermehrer" eine Chance hat, seine Profitgier zu befriedigen.

mert, es ist der „Deutsche Club für Leonberger Hunde e.V." Dieser Verein steht unter der ständigen Kontrolle des deutschen Dachverbands. Die Welpenvermittlung des Vereins weiß, welche Züchter gerade Welpen besitzen, welche Züchter gerade Würfe planen und können Ihnen die Adressen geben. Da die Nachfrage nach Welpen oftmals größer ist, als das Angebot, ist es sinnvoller nach den geplanten Deckakten zu fragen, die in der Deckliste veröffentlicht werden. Sie können so schon vor der Geburt der Welpen Kontakt mit dem Züchter aufnehmen, mit ihm die Anschaffung besprechen und sich umfangreich beraten lassen. Schauen Sie sich verschiedene Züchter an und vergleichen Sie. Kaufen Sie nicht den erstbesten Welpen beim erstbesten Züchter, sondern prüfen Sie genau, trotzdem der Welpe so niedlich und der Züchter so nett ist, ob auch wirklich alles mit dem Hund und der Pflege beim Züchter in Ordnung ist.

Woran erkenne ich einen guten Züchter?

Um den Züchter einschätzen zu können, sollten Sie wissen, dass die Hundezucht mehr ein Hobby, denn eine Erwerbsquelle ist. Die Hundezucht bringt kaum genug Geld ein, um die laufenden Kosten zu tragen, schon gar nicht, wenn bei einem Wurf unerwartete Komplikationen und somit zusätzliche Tierarztkosten auftreten. Schon alleine die Papiere, die für diese Rassehunde ausgestellt werden müssen, die notwendigen Impfungen, die Aufzucht der Welpen, die Deckgebühren und die Untersuchungen des Muttertiers kosten bei einem durchschnittlichen Wurf pro Welpe über DM 1 000! Sie müssen deshalb stutzig werden, wenn die Zucht einen kommerziellen Anstrich hat und mehrere Würfe gleichzeitig großgezogen werden, womöglich noch von unterschiedlichen Rassen. Achten Sie unbedingt auf die Sauberkeit beim Züchter, die Sie vor allem an den Futter- und Schlafplätzen der Hunde beurteilen können. Die Nähe zum Menschen ist für ein späteres Zusammenleben Hund-Mensch von Anfang an von entscheidender Bedeutung. Die Welpen müssen von der ersten Minute an den Kontakt zum Menschen gewohnt sein, eine reine Zwingerhaltung verbietet sich somit von selbst. Ideal und wünschenswert ist das Zusammenleben im Haus, wobei Sie auch hier die Räumlichkeiten besichtigen sollten. Ein Keller ist eben doch nur ein Keller, es sein denn, er ist angemessen ausgebaut und isoliert die Hunde nicht von den Räumen für die Menschen. Aufschlussreich ist das Verhalten des Züchters während Ihrer ersten Kontakte. Ein seriöser Züchter sieht in seinen Welpen schon fast eigene Kinder und ein Welpenkauf ist für ihn mit einer Adoption vergleichbar. Nach diesen Kriterien verlaufen die ersten Unterredungen, in denen Sie aufs Persöhnlichste befragt werden und der Züchter alles über Sie herausfinden will, was er wissen muss, um im Gegenzug auch Ihre Seriösität, Eignung und Tierliebe beurteilen zu können. Er wird Sie weder zu einer Entscheidung drängen, noch versuchen, Sie im Zweifelsfall zum Kauf zu überreden. Er wird Verständnis dafür haben, dass Sie sich noch bei anderen Züchtern umschauen wollen und keine Taschenspielertricks der Sorte „Es ist der beste Welpe den ich je hatte", „Alle anderen sind schon reserviert" oder „Nachher kommt noch ein Interessent" versuchen, das hat ein seriöser Züchter nicht nötig. Bei all der Edelmut, die ich den Züchtern unterstellen will, dürfen Sie nicht vergessen, dass ihm auch die genannten Kosten entstehen, die gedeckt sein wollen. Für einen Leonbergerwelpen ohne zuchtausschließende Merkmale zahlen Sie derzeit etwa DM 1 800. Sollte schon der Welpe zuchtausschließende Merkmale tragen, die allerdings die Gesundheit nicht beeinflussen, so wird der Züchter mit seiner Forderung deutlich unter diesen Preisen liegen. Verbindliche Preisvorschriften gibt es jedoch nicht und so ist der Preis für Ihren Leonberger letztendlich eine reine Verhandlungssache zwischen Ihnen und dem Züchter.

Medizinische Untersuchung der Welpen

Der Verein schreiben eine medizinische Untersuchung und Vollimpfung der Welpen in der acht Wochen vor, die Welpen eines Erstzüchters werden zusätzlich schon nach einer Woche untersucht. Rassehunde werden in eine Ahnentafel eingetragen, die Ihnen Aufschluss über die Herkunft der Elterntiere nebst Groß- und Urgroßeltern gibt. Die Welpen werden erst nach Beendigung aller Untersu-

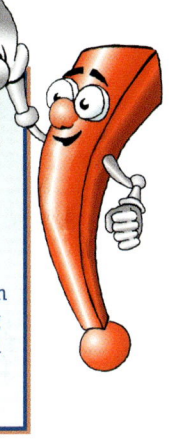

Denken Sie dran!
Lassen Sie sich beim Welpenkauf unbedingt die Untersuchungsergebnisse der HD- und gegebenenfalls der ED-Röntgenuntersuchung zeigen. Diese Untersuchungen müssen für beide Elternhunde vorliegen und geben Ihnen Aufschluß über deren Belastung mit dem jeweiligen Merkmal. Optimal ist eine HD und ED Freiheit beider Hunde.

chungen und dem Nachweis aller Impfungen in diese Ahnentafel eingetragen. Der Züchter wird Ihnen gerne Einblick in die Ahnentafel und auch in das Zuchtbuch des Vereins mit allen Informationen über die Elterntiere geben. Hierbei ist eine Erkenntnis für Sie elementar wichtig: Die Papiere zu Ihrem Hund sind nur so gut wie der Verein, der sie ausstellt. Der Verein widerum kann nur so gut sein, wie seine Zuchtüberwachung. In Deutschland können Sie mit einer Satzung und entsprechender Mitgliederzahl einen Verein gründen und natürlich auch Hunde züchten. Keiner überprüft Sie, sie müssen nur den Auflagen der Tierschutzgesetze genügen und Sie können die tollsten Papiere der Welt ausstellen. Dies nützt Ihnen aber nur wenig, wenn sich der Champion aller Klassen als das ärmliche Produkt einer Profitzucht entpuppt. Nicht Papiere zu besitzen ist wichtig, sondern zu wissen, wer mit seinem Namen dafür steht. In Deutschland sind dies die Mitgliedsvereine des VDH.

Leonberger werden ausgesprochen groß. Dank einer vorbildlichen Zuchtüberwachung innerhalb des „Deutschen Vereins für Leonberger Hunde e. V." sind bsonders orthopädische Probleme, die für große Rassen typisch sind, bisher sehr gut unter Kontrolle. Dies ist aber nur einer der vielen Gründe, warum Sie beim Kauf unbedingt zu einem Züchter gehen sollten, der Mitglied im VDH ist.

Leider sind nicht alle Leiden, die zu einem Zuchtausschluss oder späteren Erkrankungen führen, schon beim Welpen erkennbar, gerade über die Ellbogendysplasie (ED) und Hüftgelenksdysplasie (HD) können trotz moderner medizinischer Methoden im Welpenalter von acht Wochen nur Vorhersagen gemacht werden, eine endgültige ED und HD Diagnose ist erst ab einem Alter von 12 bis 18 Monaten verlässlich. Nicht selten vereinbaren die Züchter auch aus eigenem Interesse eine Kostenübernahme oder zumindest -beteiligung an einer HD- und ED-Röntgenuntersuchung des erwachsenen Hundes nach 12 Monaten schon im Kaufvertrag.

Insgesamt sind Leonberger gesunde, wenig anfällige Hunde, an denen Sie Ihre Freude haben werden.

Verhaltenstests und Allgemeinbild

Bisher wurde Ihnen viel über die Auswahl des Züchters erzählt und Sie erhielten Tipps, um die Gesundheit des Welpen einzuschätzen. Ganz wichtige Punkte bei der Auswahl des Welpen sind aber noch unerwähnt geblieben: Ein paar einfache Verhaltenstests und eine abschließende Beurteilung des allgemeinen Zustands des Welpen. Gerade im Verhalten können sich sehr gravierende Mängel zeigen, die von Ängstlichkeit bis Aggressivität die gesamte Palette an Fehlverhalten abdecken. Hierfür kann es sowohl genetisch bedingte Ursachen geben, der Grund kann auch ein falscher Umgang mit den Welpen in den ersten Wochen sein. Diese Fehler sind in der späteren Entwicklung nur mit sehr viel

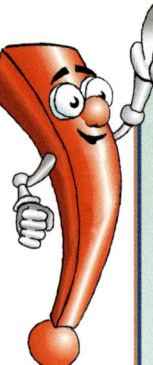

Denken Sie dran!

Sehen Sie sich vorm Welpenkauf
verschiedene Züchter an und vergleichen Sie. Lassen Sie sich auch die
Mutter der Welpen zeigen und kontrollieren Sie ihren Gesundheitszustand.
Die Welpen selbst sollten sich durch
Neugier und Verspieltheit auszeichnen.
Das Fell sollte glänzen, die Augen sind
klar und die Ohren frei von Parasiten.

Aufwand zu beseitigen und auch manch
erfahrener Hundehalter hatte seine Probleme damit. Wenn Sie sich das erste Mal
einen Leonberger anschaffen, würde ich
auf diesem Gebiet keine Experimente
wagen. Verhaltensfehler sind sehr ernst
zu nehmen und werden auch als zucht-
ausschließend beurteilt.

Um das Verhalten des Welpen zu beurteilen, beobachten Sie den Welpen zunächst völlig ungestört bei seiner Familie. Achten Sie auf sein Sozialverhalten
und eventuelle Auffälligkeiten in seinen
Reaktionen. Anzeichen für ein gestörtes
Verhalten sind übermäßige Unterwürfigkeit und Angst, ein zu dominantes
und hyperaktives Verhalten oder auch
eine übermäßige Aggressivität im Spiel.
All dies sind zunächst auffällige Verhaltensweisen, die Hinweise für extreme
Verhaltensweisen liefern und Ihre Aufmerksamkeit erwecken müssen. Testen
Sie den oder die ausgewählten Welpen
nun alleine, außerhalb der Sichtweite
der Hundefamilie und spielen mit ihm.
Schauen Sie auch hier genau hin, ob sich
der Welpe schüchtern, aggressiv oder
unsicher verhält. Welpen sind allgemein

neugierig und so sollte ein gesunder
Welpe nach einem kurzen Schreck oder
anfänglicher Unsicherheit, die ganz normal ist, schon bald wieder mit Ihnen
spielen und Interesse an der neuen Situation zeigen. Hiernach beschäftigen Sie
sich intensiver mit dem Hund, fassen
ihn einmal an, nehmen ihn auf den Arm,
halten ihn kurz an Maul und Beinen fest,
um seine Reaktionen auf diese eher
ungewohnten und nicht mehr rein spie-
lerischen Reize zu untersuchen. Anzeichen für Störungen im Verhalten sind
auch hier eine leichte Erregbarkeit, starke Unterwürfigkeit, Angst und gerade
bei den letzten Tests eine niedrige
Schmerzschwelle.

All diese Tests und Beobachtungen sollen Hinweise sein und können keine
100%ige Sicherheit in eine Richtung
geben. Dennoch werden Sie mit Ihren
genauen Beobachtungen mit Sicherheit
einen gesünderen Welpen finden, als bei
einem Spontankauf ohne Vorbereitung
und der Möglichkeit zur Auswahl.

Abschließend nochmals die Bitte: Kaufen Sie Ihren Leonberger nicht beim erstbesten Züchter, lassen Sie sich von Ihrem
Verein eine Liste der bekannten und
empfohlenen Züchter geben und vergleichen Sie verschiedene Züchter miteinander. Werden Sie misstrauisch bei
Züchtern, die Ihnen einen Welpen auf-
schwatzen wollen und Sie bei der Kauf-
entscheidung unter Druck setzen. Lassen
Sie sich immer das Muttertier zeigen
und gehen Sie nach dem Kauf alsbald mit
dem Welpen zu einem Routinecheck zu
einem Tierarzt. Beachten Sie all diese
Hinweise, wird Ihrem Glück mit Ihrem
Leonberger nichts im Wege stehen.

Verband für das Deutsche Hundewesen e.V. (VDH)
Westfalendamm 174
44141 Dortmund 1
Tel: 0231-565000

Deutscher Club für Leonberger Hunde e. V.
Am Hang 1
59229 Ahlen

Der Club im Internet:
www.leonberger-hunde.de

Fédération Cynologique Internationale (FCI)
13 Place Albert I
B - 6530 Thuin/Belgien

Österreichischer Kynologenverband
Johann-Teufel-Gasse 8
A-1238 Wien

Schweizerische Kynologische Gesellschaft
Lenggassstrasse 8
CH-3001 Bern

Deutscher Tierschutzbund
Baumschulallee 15
53115 Bonn

Die richtige Ernährung Ihres Leonbergers ist die Grundlage für sein gesundes Wachstum in der Jugend, seine Aktivität und Fitness im erwachsenen Alter und seine Versicherung, im fortgeschrittenen Alter nicht krank und träge zu werden. Leider wird dieses wichtige Thema in meinen Augen zu oft aus falscher Profilierungssucht und Unverständnis mehr zerredet als konstruktiv besprochen. Nur um das Thema Ernährung nicht weiter aufzubauschen: Es bedarf weder eines umfangreichen Fachwissens noch einer ganzen Wissenschaft, um einen Hund gesund zu ernähren. Im Grunde geht es nur darum, dass Sie die Ansprüche Ihres Hundes kennen, verstehen, wo die Rasse ihren Ursprung hat und welche Rolle die Ernährung im Leben Ihres Hundes spielt. Sie werden dementsprechend in diesem Kapitel weder eine tagesgenaue Verpflegung finden, noch genaue Angaben zur Futtermenge, denn die optimale Versorgung ist eine sehr individuelle, auf die Bedürfnisse Ihres Hundes abgestimmte Angelegenheit. Genau hier liegt aber auch die größte Verunsicherung. Wieviel füttere ich meinem Hund? Welche Zusammensetzung muss das Futter haben? Sollte ich lieber Frisch- oder Fertigfutter verwenden? Dies sind meiner Meinung nach die häufigsten Fragen, die zu Anfang gestellt werden. Bevor ich näher darauf eingehe, möchte ich zunächst etwas Grundsätzliches zur Ernährung der Leonberger sagen.

Grundsätzliches zur Ernährung der Leonberger

Leonberger sind eine recht junge Rasse, die erst seit Mitte des neunzehnten Jahr-

hunderts gezüchtet wird. Zu ihren Vorfahren gehörten so robuste Rassen wie Landseer und Bernhardiner, die an ihr Futter nicht die höchsten Ansprüche stellten. Die Hunde wurden früher vor allem mit den Resten gefüttert, die entweder bei der Zubereitung oder nach dem Essen übrig blieben. Heute soll sich kein Hund mehr von Essensresten ernäh-

Welpen knabbern besonders gerne während des Zahnwechsels an allen möglichen Dingen herum, geben Sie Ihnen dazu geeignete Gegenstände.

ren, dennoch ist es durchaus vertretbar und dient der Abwechslung, wenn Sie hier und da Gemüse oder ungewürztes, abgekochtes Fleisch zufüttern. Das Fertigfutter ist im Lauf der Jahre immer besser geworden und stellt heute eine einfache, unkomplizierte und sichere Alternative zur eigenen Futterherstellung dar. Lassen Sie sich aber durch die vielen unterschiedlichen Aussagen zur richtigen Ernährung nicht verunsichern.

Denken Sie dran!

Teuer bedeutet nicht gleichzeitig gut. Bei der Auswahl des Futters sollten Sie sich nicht durch Werbeversprechen oder den Preis leiten lassen. Achten Sie darauf, dass das Futter den Bedürfnissen Ihres Hunds gerecht wird und er es verträgt. Dabei ist Abwechslung wichtig, um die Gewöhnung an nur ein Futter zu vermeiden.

Wenn Sie heute zehn Züchter danach fragen, was sie ihren Hunden zu fressen geben, dann erhalten Sie mindestens elf Antworten, die von Fertigfutter bis selbstzubereiteten Mahlzeiten die gesamte Palette beinhalten und alle haben gesunde Hunde und Welpen. Statt gezielte Vorschriften zu befolgen, beachten Sie lieber die allgemeinen Ratschläge auf den nächsten Seiten.

So gehört den ganzen Tag über frisches Wasser an den Futterplatz, Futterreste müssen nach den Mahlzeiten unbedingt entfernt werden, der Futterplatz peinlich sauber gehalten werden. Das Futter selbst muss Zimmertemperatur haben. In seinen wilden Ursprüngen hat der Hund seine Beutetiere auch bei Umgebungstemperatur gefressen. Obwohl der Hund als Fleischfresser gilt, hat er seine tierischen Opfer, meist kleinere, pflanzenfressende Säugetiere, samt aller Eingeweide gefressen und somit vorverdaute, pflanzliche Nahrung aufgenommen. So füttern Sie auch heute noch einen gesunden Mix aus tierischer und pflanzlicher Nahrung. Vor und nach den Mahlzeiten müssen Sie Ihrem Leonberger etwas Ruhe gönnen, ideal wäre je eine Stunde. Vor dem Fressen ist dies wichtig, damit der Hund nicht zu hastig frisst, Luft verschluckt und Blähungen entwickelt, nach dem Essen soll der Organismus einige Zeit für eine gesunde Verdauung bekommen.

Selbst zubereiten oder Fertigfutter?

Sie müssen Ihrem Hund eine ausgewogene Kost anbieten, die alle Nährstoffe, Vitamine und Mineralstoffe enthält, die er braucht. Hierbei hat sich in den letzten Jahren zunehmend das Fertigfutter als einfache und sichere Art erwiesen, dies zu erreichen. Gegen das alleinige Verfüttern von Fertigprodukten spricht prinzipiell nichts, wenn Sie wissen, worauf Sie achten müssen.

Fertigfutter erhalten Sie derzeit als Feuchtfutter in Dosen, als Halbfeuchtfutter meist in Plastik- oder Alubeuteln und als Trockenfutter, nicht zu verwechseln mit den ebenfalls trockenen Beimixern. Die verbreitetsten Fertigfuttersorten sind Trockenfutter und Feucht-

futter in der Dose. Beide stellen Allein-
futter dar und sind vom Hersteller so
konzipiert, dass Sie als Hauptfutter den
Bedürfnissen Ihres Hundes gerecht werden. Gleiches gilt für die halbfeuchten
Futter, die preislich am höchsten liegen
und zur Bewahrung ihrer Konsistenz
einen recht hohen Zuckeranteil aufweisen. Bei den billigeren Dosenfuttern
müssen Sie besonders auf den meist
sehr hohen Fettanteil achten. Trockenfutter ist am längsten haltbar und
unkompliziert zu verfüttern. Da es kaum
Wasser enthält, wird Ihr
Hund etwas mehr trinken.
Alle Fertigfutter sind als
Nahrungskonzentrate zu
verstehen, denen vor allem
wichtige Ballaststoffe fehlen. Sie sollten das Futter
deshalb unbedingt mit
Ballaststoffen anreichern.
Diese werden zum einen
in fertigen Mixern ange-
boten, können aber auch in
Form von eingeweichten
oder vorgekochten Hül-
senfrüchte und Vollkorn-
reis gefüttert werden.
Gerade Dosenfutter mit
einem hohen Wasser- und
Fettanteil muss auf diese
Weise aufgewertet wer-
den. Lesen Sie sich die Inhaltsstoffe und die Zusammensetzung
des Futters gut durch. Das Futter muss
den Bedürfnissen Ihres Hundes und seinem Alter entsprechen. Manche Hersteller verschweigen die genaue Zusammensetzung ihres Futters und geben nur
für die wertvollen Inhaltsstoffe eine Pro-

zentangabe an. „Füllstoffe", wie bei
Dosenfutter ein hoher Wasser- oder
Fettanteil, werden dann verschwiegen.
Auf dem Futter muss sich eine Angabe
finden, wieviel Futter pro Kilo Hund empfohlen wird. Einige Futter basieren auf
einem hohen Soja-Anteil, auf den manche Hunde allergisch reagieren.
Inzwischen werden spezielle Futter für
Welpen und Senior-Hunde angeboten,
die den unterschiedlichen Ansprüchen
der einzelnen Lebensabschnitte gerecht
werden sollen. Welches Futter Ihr Leon-

Freundschaften
zwischen Hun-
den und Kindern
sind oft beson-
ders intensiv. Ler-
nen beide von
Anfang an den
richtigen Um-
gang miteinan-
der, werden
beide Seiten
glücklich.

berger am besten verträgt, ist dennoch
eine Frage des Ausprobierens. Ansonsten gilt auch beim Verfüttern von Fertigfutter: Achten Sie auf Abwechslung,
variieren Sie den Hersteller und die Sor-
ten. Bereiten Sie ruhig die eine oder
andere Mahlzeit selbst zu. Nur so ver-

meiden Sie, dass sich Ihr Hund an ein Futter gewöhnt. Sollte es einmal zu Unverträglichkeiten, Allergien oder einer krankheitsbedingten Futterumstellung kommen, wird dieser Futterwechsel, der auch bei einem gesunden, aber an ein spezielles Futter gewöhnten Hund Schwierigkeiten bei der Verdauung mit sich bringen kann, den Organismus des kranken Hundes zusätzlich schwächen. Wenn Sie einmal Mahlzeiten selbst zubereiten, achten Sie bitte auf die Zusammensetzung und Menge, bei der Verwertung von Tischresten bitte darauf, dass diese nicht oder nur schwach gewürzt sind.

Was darf ich füttern, was nicht?

Sie dürfen einige Nahrungsmittel auf keinen Fall an Ihren Leonberger verfüttern, dazu zählen alle Arten Knochen, die splittern und zu schweren inneren Verletzungen führen können, rohes Fleisch jeder Herkunft, sämtliche gewürzten Nahrungsmittel und Süßigkeiten. Gerade im rohen Schweinefleisch können eine Vielzahl von Viren, Bakterien und Parasiten leben, die durch Kochen leicht abgetötet werden, ansonsten für Ihren Hund aber eine lebensbedrohliche Gefahr darstellen können. Das Verfüttern von Knochen ist immer wieder Grundlage für heiße Diskussionen. Die wildlebenden Vorfahren unserer Haushunde haben selbstverständlich die Knochen ihrer Beutetiere gefressen, doch hatten sie auch gänzlich andere Fressgewohnheiten. Vom Beutetier wurden zunächst die Muskeln und Eingeweide,

erst zuletzt die Knochen gefressen. Der Magen und Darm ist schon gefüllt, wenn die Knochen gefressen werden, die Hunde sind schon gesättigt und fressen nicht mehr so gierig. Die entstehenden Knochensplitter können den Magen- und Darmwänden nicht mehr oder kaum gefährlich werden. Dies ist bei unseren Leonbergern heutzutage etwas anders. Ihr Hund wird sich nicht den Magen für drei Tage vollschlagen und Knochen werden eher hastig gefressen. Deshalb beugen Sie den Gefahren innerer Verletzungen vor, indem Sie nur spezielle Kauknochen oder Rinderhufe aus der Zoohandlung verfüttern. Ansonsten sind Ihrer Phantasie beim Zusammenstellen des Futters kaum Grenzen gesetzt, wenn Sie sich an eine gesunde Nährstoffzusammenstellung halten. Experimentieren Sie ruhig ein wenig mit Obst oder Gemüse, wobei Kohl wie beim Menschen zu Blähungen führt und deshalb ebenso vermieden werden muss, wie die meist schwer im Magen liegenden Pilze. Gemüse müssen Sie immer vorkochen, da der Hund es von Natur aus roh nicht gut verdauen kann. Eine weitere Abwechslung ist das Verfüttern von Fisch. Wenn Sie oft lesen, dass Tischabfälle nicht als Hundefutter geeignet sind, dann ist dies nur teilweise richtig, denn die Kritik geht hier vor allem gegen die meist reichlichen Gewürze, vor allem Salz, und aus erzieherischen Massnahmen gegen das Füttern am Tisch. Sie können Ihrem Hund durchaus die übriggebliebenen Kartoffeln, den Reis oder auch Fleisch und Fischreste zufüttern, dagegen spricht absolut nichts.

wicht der Kleinen sollte nun bei wenigstens acht Kilo liegen. Im Wesentlichen benötigen die kleinen Welpen nun Proteine (aber keine Aufbaufutter mit einem Proteingehalt über 20 bis 22%!), Fette und Mineralstoffe, vor allem Calcium und Phosphor zum Knochenaufbau. Sie haben die Wahl, die Welpen mit einer Fertigkost zu versorgen, die bereits alle entscheidenen Nährstoffe enthält, oder Sie bereiten das Futter selbst zu. Ich empfehle Ihnen einen gesunden Mix aus Fertignahrung und Eigenmischungen, um die Gewöhnung an ein Futter zu unterbinden. Vermeiden Sie vor allem eine zusätzliche Aufbaunahrung neben einer gesunden Welpenkost! Solche Power-Nahrung führt nur zu einem unnatürlich schnellen Wachstum, was wiederum zu Wachs-

Leonberger Welpen stellen besondere Ansprüche an ihre Ernährung, um den Anforderungen dieser starken Wachstumsperiode in den ersten Wochen und Monaten gerecht zu werden.

Futteransprüche beim Welpen

Die Futteransprüche des Welpen sind besonders hoch. In den ersten Wochen und Monaten sind die kleinen Leonberger in einer extremen Wachstumsphase, in der sich jede falsche Ernährung besonders negativ auf den gesamten Organismus und speziell das Skelett auswirkt. Doch keine Sorge, bis zur fünften oder sechsten Woche werden die Welpen bestens durch die Muttermilch versorgt, die ab der dritten Woche durch erste Beifütterungen ergänzt werden kann. Die Mutter muss in den ersten 24 Stunden nach der Geburt mit dem Säugen der Jungen beginnen. Die Muttermilch versorgt die Welpen nicht nur optimal mit allen Nährstoffen, sondern enthält auch erste Antikörper, die das noch wenig entwickelte Immunsystem der Kleinen entscheidend stärken.

Nach acht Wochen werden die Welpen dann von der Muttermilch entwöhnt und mit einem speziellen, auf Welpen abgestimmten Futter ernährt. Das Ge-

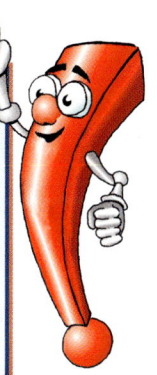

Denken Sie dran!

Auch wenn Welpen bei der Futterwahl besondere Ansprüche stellen, lassen Sie sich nicht zu einem besonderen Leistungsfutter hinreißen. Durch einen zu hohen Proteingehalt beschleunigen diese das Wachstum nur unnatürlich. Normal für eine gesunde Welpenkost ist ein Proteinanteil von maximal 22%.

tumsdefekten führen kann, oder bei Welpen, die schon zu orthopädischen Problemen wie HD neigen, diese fördert. Setzen Sie dem selbst zubereiteten Futter ein Vitamin- und Mineralstoffpräparat zu. Die im Handel erhältlichen Fertigfutter für Welpen enthalten schon einen entsprechend höheren Anteil an Mineralien und Vitaminen, eine zusätzliche Aufwertung mit diesen Stoffen birgt die Gefahr der Gelenkversteifung, zu massiver und dadurch deformierter Knochen. Die noch weichen Knochen des Welpen härten durch die Einlagerung von Kalk aus, dabei ist sowohl eine Überversorgung, als auch eine Unterversorgung schädlich und führt zu Wachstumsstörungen. Die genauen Dosierungen sowohl der Ergänzungspräparate, als auch des Fertigfutters entnehmen Sie bitte der jeweiligen Beilage oder dem Aufdruck.

Füttern Sie, wenn Sie den Welpen nach acht bis zehn Wochen vom Züchter abholen, zunächst nach seinem Essensplan weiter und stellen Sie erst allmählich das Futter auf Ihre bevorzugte Weise um. Der Welpe erhält so einen schonenden Übergang, der ihm sowohl die Eingewöhnung im neuen Heim, als auch seiner Verdauung die Umstellung auf ein neues Futter vereinfacht.

Bis zum Alter von sechs bis acht Monaten bei den großen Rassen, je nach dem individuellen Entwicklungsstand (als Richtlinie nach dem Zahnwechsel), sollten Sie bei einer speziellen Welpenkost für Ihren Leonberger bleiben und die Tagesration anfangs auf drei bis vier oder mehr Portionen verteilen. So erreichen Sie eine möglichst gleichmäßige Nähr-

stoffzufuhr und somit ein gleichmäßiges Wachstum. Nach zwölf Monaten genügt es, wenn Sie nur noch zweimal täglich füttern.

Futteransprüche beim erwachsenen Hund

Die großen Leonberger sehen wir erst ab zwei bis zweieinhalb Jahren als erwachsen an. Die Knochen sind erst nach ungefähr 18 Monaten stabil und können nun stärker beansprucht werden. Ihr Hund benötigt nun eine andere, auf die Bedürfnisse dieses Lebensabschnitts abgestimmte Kost. Die Fütterungen reduzieren Sie jetzt auf ein- bis zweimal täglich. Wann Sie die Hauptmahlzeit reichen, können Sie ganz Ihrem Tagesrhythmus anpassen, sinnvoll ist eine Fütterung morgens oder abends. Die Kost muss weiterhin ausgewogen bleiben, sorgen Sie für Abwechslung und nehmen Sie beim Fertigfutter eine Sorte für erwachsene Hunde. Zusätzliche Vitamin- und vor allem Mineralstoffgaben sind nicht mehr erforderlich, die Vitaminzufuhr über das tägliche Futter, das Sie jederzeit gerne mit etwas Obst aufwerten können, deckt den Bedarf. Wieviel Futter Ihr Hund benötigt, ist sehr individuell und hängt unter anderem von seiner Aktivität und seinem gesundheitlichen Zustand ab. Füttern Sie nur soviel, wie Ihr Hund auch hintereinander frisst, Reste entfernen Sie nach jeder Mahlzeit. Frisst er seinen Napf immer leer, füttern Sie etwas mehr, lässt er immer etwas übrig, so füttern Sie etwas weniger. Über- und Untergewicht sind für Sie leicht durch einen kurzen Druck auf die Rippen zu erkennen und durch entsprechende

wenn Leonberger sehr groß sind, ihr Hunger entspricht eher dem mittelgroßer Hunde, was auf ihre ausgezeichnete Futterverwertung zurückzuführen ist. Verschätzen Sie sich nicht und füttern nicht von Anfang an zuviel! Genau wie die Körpergröße, so ist auch das Idealgewicht eines Leonbergers nicht starr festgelegt. Die Gewichtsunterschiede innerhalb der Rasse liegen zwischen knapp 40 kg bis beinahe 70 kg oder höher. Die Richtwerte für eine Zuchtzulassung liegen bei einer Hündin bei 40 kg, bei den Rüden bei 50 kg und mehr.

Achten Sie auf eine Anreicherung des Futters mit wichtigen Ballaststoffen und bedenken Sie, dass Ihr ausgewachsener Hund nun durch Ihre Fütterungen nicht mehr wachsen muss, son-

Gemeinsam mit Ihrem Leonberger fit und aktiv sein. Damit dieser Wunsch lange Zeit in Erfüllung geht, müssen Sie bei Ihrem Leonberger auch auf eine gesunde, altersgerechte Ernährung achten. Dabei gibt es keine Standardempfehlung. Die ideale Menge und beste Zusammenstellung des Futters richtet sich auch nach den individuellen Ansprüchen Ihres Hundes.

Futterumstellung anfangs schnell zu regulieren. Ein zu fetter oder zu magerer Leonberger ist anfällig für verschiedenste Gebrechen, darum müssen Sie auf sein Gewicht besonders achten. Auch dern nur noch seinen Zustand erhalten will. Je aktiver Ihr Leonberger ist, desto mehr Nahrung benötigt er auch, in einer ruhigeren Phase wird sein Futterbedarf sinken.

Denken Sie dran!

Mit dem Alter ändern sich auch die Gewohnheiten Ihres Leonbergers, er wird ruhiger und braucht weniger Bewegung. Eine Veränderung, der Sie auch mit einer Umstellung der Nahrung Rechnung tragen müssen.

Futteransprüche im Alter

Mit fortschreitendem Alter, und Leonberger zählen schon mit etwa sieben Jahren zu den Älteren, finden im Körper Veränderungen statt, die sowohl auf einer allgemeinen Abnutzung und Schwächung, als auch auf einer ebenfalls ganz natürlichen Umstellung des Stoffwechsels beruhen. Genauso wie Ihr Hund nun ruhiger wird, ist der Stoffwechsel reduziert und langsamer. Die Verdauung ist nicht mehr so effektiv wie früher, Nährstoffe werden nicht mehr so schnell aufgenommen.

Ihr Hund benötigt nun eine leicht verdauliche Kost, mit einem höheren Anteil an Kohlehydraten. Reduzieren Sie die Futtermenge, denn Übergewicht schadet Ihrem alten Hund, es belastet die häufig zur Arthritis neigenden Gelenke unnötig und kann die Folgen einer bestehenden, auch nur leichten HD und ED verschlimmern. Ihr Leonberger ist nun von Natur aus ruhiger, bewegt sich weniger und dementsprechend sinkt auch sein Futterbedarf. Im Handel werden verschiedene Fertigfutter für ältere Hunde als Senioren-Marken angeboten, die im wesentlichen diesen neuen Ernährungsansprüchen gerecht werden sollen. Auch kann eine etwas teurere Premium-Marke die beste Alternative für Ihren alternden Hund darstellen, experimentieren Sie etwas herum und fragen im Zweifelsfall Ihren Tierarzt. Gerade verschiedene Fettsäuren, mit denen Sie das Futter anreichern können oder die in verschiedenen Futtern beinhaltet sind, helfen gelenkgeschädigten Hunden oft sehr.

Seien Sie sich aber bitte im Klaren darüber, dass eine gewisse Degeneration mit all ihren Problemen im Alter völlig normal ist und nicht gestoppt werden kann. Es geht für Sie jetzt darum, Ihrem Hund das Altwerden so angenehm wie möglich zu machen, wozu auch seine richtige Ernährung gehört. Viele Leonberger bleiben so topfit bis ins hohe Alter, das oft über zehn Jahre betragen kann.

Was Sie sonst noch wissen müssen

Sie sehen, bis auf ein paar Regeln, an die Sie sich bei der Ernährung Ihres Hundes ebenso halten müssen, wie bei Ihrer eigenen Ernährung auch, stellt Sie die richtige Ernährung Ihres Hundes vor keine unüberwindbaren Probleme. Leonberger sind robuste Zeitgenossen, dennoch kann auch ihnen durch eine falsche Ernährung geschadet werden. Besonders übergewichtige Hunde werden Probleme mit den Gelenken bekommen und ihre Lebenserwartung ist geringer als die von normalgewichtigen Artgenossen. Kastrierte Rüden und Hündinnen neigen dazu, schneller etwas Speck anzusetzen und müssen deshalb besonders kalorienarm ernährt werden.

Die Hundeerziehung ist eine oftmals kontrovers diskutierte Angelegenheit. Die einen sehen in ihr die Vermenschlichung eines „wilden" Tiers, die anderen, und dazu zähle ich mich, halten eine solide Grunderziehung für unabdingbar. Ihren Leonberger gar nicht zu erziehen, halte ich schlichtweg für unrealistisch und nicht durchführbar. Schon das Aufzeigen von Freiheiten und Beschränkungen mündet in einer Erziehung und einen Leonberger in völliger Freiheit und Eigenverantwortung zu halten hieße, ihm alles zu erlauben. Ich vertrete hier nicht die Ansicht, dass ein Hund irgendwelche Kunststücke vorführen sollte. Neben den gesundheitlichen Risiken sind diese Kunststücke nicht notwendig für eine funktionierende Hund-Mensch-Beziehung. Für notwendig halte ich allerdings eine Grunderziehung, die ein Zusammenleben in einem sozialen Umfeld ermöglicht. Hierzu gehört auf Seiten des Leonbergers das Befolgen verschiedener Kommandos, genauso wie seine Stubenreinheit und das Unterlassen von eindeutig belästigenden Verhaltensweisen wie Betteln oder das Anspringen von Menschen. Leonberger sind sehr große und kräftige Hunde, die einer Erziehung schon allein deshalb bedürfen, weil Sie ihnen ansonsten nicht Herr werden können. Ein nicht erzogener Leonberger wird Sie, wenn er partout nicht Ihren Befehlen gehorcht, vor große Schwierigkeiten stellen. Auch werden Sie schnell die Lust an gemeinsamen Aktivitäten verlieren, wenn Ihre Aufgabe nur darin zu bestehen scheint, den Hund im Zaum zu halten. Dabei sind Leonberger keine Rüpel, sie sind nur sehr groß und kräftig.

Die Erziehung Ihres Hundes muss auf gegenseitigem Respekt und Vertrauen aufgebaut sein, nicht auf Bestrafungen und Zwang. Ihr Hund muss Sie und Sie müssen Ihren Hund verstehen lernen. Auf Ihrer Seite gehört zu einer guten

Denken Sie dran!

Ihr Verein bietet regelmäßige Treffen auf dem Hundeübungsplatz an. Sie sehen andere Halter und Hunde und können Ihre Erfahrungen und Probleme in der Hundeerziehung mit erfahrenen Hundetrainern diskutieren. Neben diesen Treffen werden auch gemeinsame Spaziergänge angeboten, die eine weitere Möglichkeit sind, mit anderen Hundehaltern in Kontakt zu treten.

Erziehung neben dem sinnvollen Vermitteln, wie Ihr Hund auf Ihre Kommandos reagieren muss, vor allem die Konsequenz aller an der Erziehung beteiligten Personen. Sie können nicht erwarten, dass Ihr Leonberger beim ersten Üben gehorcht, denn auch wenn es trivial klingen mag, er versteht Sie nicht. Sie müssen ihm genau zeigen, was Sie von ihm wollen. Jeder, der mit dem Hund zu tun hat, muss sich dabei an eine einheitliche Erziehung halten. Jedes Kommando kann nur eine Handlung nach sich ziehen, Verbote müssen einheitlich gehandhabt werden, denn was bei einem Mitglied der Familie verboten ist,

darf von den anderen nicht erlaubt wer-den. Leonberger können einen ganz schönen Dickschädel haben, der es manchmal nicht einfach macht, ruhig zu bleiben, aber mit dem notwendigen Feingefühl und der Liebe zu Ihrem Hund werden Sie es schon schaffen.

Mit der Erziehung des Welpen können Sie früh beginnen. Gerade die Stuben-reinheit ist ein Problem, das Sie sicher schnell in den Griff bekommen wollen. Auch andere Kommandos, wie zum Bei-spiel das Auslassen, sind sehr wichtig, nicht zu schweigen von einer schnellen Gewöhnung an das Alleinsein und die Leine. Fangen Sie mit Ihren Lektionen also früh an, überfordern Sie aber Ihren Welpen nicht! Üben Sie anfangs nicht länger als ein paar Minuten am Stück und wiederholen Sie die einzelnen Lek-tionen lieber häufiger am Tag. Auch

Leonberger lernen, genau wie Men-schen, nicht alle gleich schnell und nicht alle mit dem gleichen Interesse. Verlie-ren Sie nicht die Geduld, wenn die Übun-gen auch mal ausfallen müssen, weil Ihr Kleiner lieber spielen will!

Die Übungen müssen in Ruhe ablaufen und die Konzentration des Hundes muss bei Ihnen sein. Trainieren Sie also nicht nach oder vor den Essenszeiten, nach größeren Anstrengungen oder in un-gewohnter oder aufregender Situati-on. Jeder Lernerfolg, sei er noch so klein, wird von Ihnen durch Worte, Streicheln oder eine Leckerei (was nicht Süßig-keit bedeutet!) belohnt. Halten Sie sich an diese Grundregeln, wird sich auch beim faulsten Leonberger der Lerner-folg sowohl möglichst bald, als auch angenehm für beide Seiten zeigen.

Die Stubenreinheit

Wenn Sie sich einen acht bis zehn Wochen alten Welpen ins Haus holen, steht neben viel Spaß und Spiel auch eine Menge Arbeit an. Bei allen anderen Dingen, die Ihr Leonberger nun lernen und kennenlernen soll, steht die Stubenreinheit ganz oben auf der Liste der zu erledigenden Dinge. Ihr Ziel hierbei ist es, dass der Welpe sein Geschäft nur außerhalb der Wohnung verrichtet. Glücklicherweise zeigt Ihr Welpe an, wann er ein Geschäft zu verrichten hat. Er wird unruhig, schnuppert viel auf dem Boden, dreht sich leicht im Kreis. Nun wird es Zeit mit ihm nach draußen zu gehen, bis er seine Notdurft verrichtet hat und Sie ihn ausgiebig gelobt haben. Auch nach jeder Mahlzeit und jedem Schlaf müssen Sie mit dem Kleinen raus gehen und ihn nach verrichteter Dinge ausgiebig loben. Damit nachts kein Malheur passieren kann, muss sich Ihr Leonberger melden, wenn er muss. Da Hunde niemals ihren eigenen Schlafplatz beschmutzen, genügt es meistens, dass Sie

diesen nachts zum Beispiel mit einem kleinen Zaun oder Gitter umschließen, so dass sich Ihr Welpe in seiner Not schon bemerkbar machen wird.

Sollte es trotz aller Umsicht doch einmal zu einem Unfall in der Wohnung kommen, können Sie Ihren Leonberger, wenn Sie ihn auf frischer Tat ertappen, ruhig durch ein strenges „Pfui" oder „Nein" auf Ihr Missfallen hinweisen. Entdecken Sie sein Geschäft allerdings erst später, so wird er bei einer Ermahnung nicht mehr die Verbindung zu seinem Missgeschick erkennen können. Es bleibt Ihnen nur, die Sache gründlich zu reinigen, damit Ihn der Geruch nicht zu weiteren Missetaten verleitet.

Das Alleinsein

Aller Anfang ist schwer und auch die später selbstverständlichsten Dinge müssen geübt werden, so auch das Alleinsein. Es ist letztlich nur eine Frage der Gewöhnung und des Vertrauens, das Ihr Hund in Sie hat, denn dass er bellt und sich unwohl fühlt, wenn Sie ihn allein lassen, liegt an seiner Unsicherheit, ob und wann Sie wieder kommen. Beweisen Sie ihm, dass er sich auf Sie verlassen kann, indem Sie ihn anfangs nur sehr kurz alleine lassen. Beobachten Sie ihn dabei, kehren aber erst dann in das Zimmer zurück, wenn er aufhört nach Ihnen zu rufen. Er soll nicht lernen, dass Sie kommen, wenn er bellt, sondern dass Sie immer wiederkehren. Üben Sie dies mit Ihrem Welpen sofort nach der

Der Einzug in die neue Familie bedeutet für den kleinen Leonberger gleichzeitig Abschied von der Mutter und den Geschwistern. Nun sind Sie seine Familie, nehmen Sie den Kleinen herzlich bei sich auf!

Leonberger sind aufgrund ihrer Größe auch sehr starke Hunde. Das Ausführen an der Leine kann schon zu einer Strapaze werden, wenn Sie die ganze Zeit damit beschäftigt sind, Ihren Leonberger zurecht zu weisen. Üben Sie bei Zeiten das „Bei Fuß"-Gehen, um sich und Ihrem Hund diese Strapazen zu ersparen.

Eingewöhnung, denn nur so vermeiden Sie einen Leonberger, der später vor dem Supermarkt von der ersten bis zur letzten Minute die Nachbarschaft zusammenkläfft. Auch Ihrem Hund wird dies ein angenehmeres Leben bereiten und er wird sich bei einer kleinen Belohnung nach jeder Rückkehr sicher schnell an das gelegentliche Alleinsein gewöhnen.

Die Leinenführung und „Bei Fuß" gehen

Sich an die Leine zu gewöhnen bedeutet nicht nur, dass sich Ihr Leonberger die Leine bereitwillig anlegen lässt, sondern vielmehr auch, dass er beim Spazierengehen nicht ständig daran zerrt, sondern bei Fuß läuft. Ein ausgewachsener Leonberger kann Ihnen da schon gewaltige Schwierigkeiten machen, wenn er seinen Willen durchsetzen will und nicht auf Ihre Kommandos hört.

Zuerst sollten Sie Ihren Welpen an das Anlegen und Tragen der Leine gewöhnen. Dies schaffen Sie am besten durch häufigeres Anlegen, Loben und wieder Abnehmen, natürlich nur im sinnvollen Umfang, sonst wird es Ihrem Welpen schnell lästig.

Auf den Spaziergängen muss Ihr Leonberger lernen, an der Leine neben Ihnen zu laufen. Das gebräuchliche Kommando ist ein kurzes, energisches „Bei Fuß"oder nur „Fuß". Als Unterstützung und um die Aufmerksamkeit Ihres Welpen zu erhalten, nennen Sie zunächst seinen Namen und klopfen sich leicht auf die Schenkelseite, an der der Hund laufen soll. Normalerweise läuft der Hund an Ihrer linken Seite, wobei Sie die Leine in der rechten Hand halten. Wie bei allen erzieherischen Maßnahmen loben Sie Ihren Hund ausgiebig, wenn er Ihrem Befehl folgt. Eine Belohnung durch ein

So können Sie sich einer größeren Aufmerksamkeit sicher sein. Aber auch in der eigenen Wohnung oder auf dem eigenen Grundstück können Sie mit dem Üben anfangen und Ihren Hund zum Beispiel zu jeder Mahlzeit rufen, die Belohnung steht dann schon da!

Dem gebräuchlichen Kommando „Komm" stellen Sie den Namen Ihres Leonbergers voran. Der Wortklang ist einladend und freundlich, beinahe lockend. Zur Unterstützung klatschen Sie in die Hände oder auf Ihre Schenkel. Kommt Ihr Hund nun angelaufen, loben Sie ihn und zeigen Ihre Freude. Kommt Ihr Hund nicht, rufen Sie erneut und können sich als Unterstützung leicht von ihm entfernen oder zumindest in die Hocke gehen. Beide Maßnahmen vergrößern den Abstand zwischen Ihnen zumindest optisch, was Ihren Hund sicher zu Ihnen kommen lässt. Dabei wiederholen Sie das Kommando und loben Ihren Hund, wenn er bei Ihnen ist. Auch wenn er aus Ihrer Sicht zu spät oder erst nach vielen Wiederholungen reagiert, muss er von Ihnen belohnt werden, denn er hat kein Verständnis für Ihre Interpretation „das war aber sehr spät". In einer Bestrafung sieht er nur den Zusammenhang zu seinem Erscheinen und wird es als eine negative Erfahrung bewerten, auf dieses Kommando zu Ihnen zu kommen.

Vermeiden Sie beim Üben bitte auf jeden Fall jede Art von Jagdsituation, indem Sie Ihrem Hund hinterherlaufen, wenn er

Leonberger sind, wohlerzogen, perfekte Begleithunde, die mit ihrer ruhigen, ausgeglichenen Art jeden Ausflug mit Ihnen machen und Ihnen nicht zur Last fallen werden.

Leckerli sollte nicht zur Gewohnheit werden, kann aber gerade anfangs den Lernerfolg beschleunigen. Damit Ihr Hund nun auch auf gleicher Höhe und im gleichen Tempo mit Ihnen läuft, klopfen Sie sich leicht gegen den Oberschenkel, um so seine Aufmerksamkeit weiter zu erhalten. Bleibt er bei Ihnen, wird er gelobt. So lernt Ihr Hund, bei Ihnen zu laufen. Entfernt er sich, können Sie mit Ihrer linken Hand die Leine ergreifen und ihn durch ein kurzes Ziehen und ein strenges „Nein" oder das neuerliche Kommando „Bei Fuß" auf Ihre Missbilligung aufmerksam machen. Sobald er darauf reagiert und wieder an Ihrer Seite läuft, wird er belohnt.

Kommen auf Ruf

Das Kommen auf Ruf ist wohl die Grundvoraussetzung, soll Ihr Hund ohne Leine laufen. Gleichzeitig ist das Üben dieses Kommandos nur ohne Leine wirklich sinnvoll. Suchen Sie sich als Übungsplatz ein möglichst übersichtliches und für Ihren Leonberger ungefährliches Gelände aus, das möglichst wenig Ablenkung vor allem in Form fremder Hunde bietet.

Jedes Ding hat seine Zeit. Je jünger Ihr Leonberger ist, desto häufiger werden Ihre Erziehungsübungen durch ein kleines Spiel unterbrochen werden. Diese Spiele sind für den jungen Hund mindestens ebenso wichtig, wie für Sie die Erziehung Ihres Hundes.

nicht auf Ihr Kommando reagiert. Dieses Fangenspiel macht Ihrem Hund außerordentlich viel Spaß und er wird wohl eine ganze Weile lang der Sieger bleiben.

Das Auslassen

Nicht alles, was Ihr Leonberger in sein Maul nimmt, gehört auch dort hinein. Gerade Welpen nehmen, wie kleine Kinder, alles ins Maul oder knabbern Dinge an. Dabei kann so einiges auch in den Magen wandern, was dort nichts zu suchen hat und im schlimmsten Fall eine ernsthafte Gefahr für die Gesundheit bedeuten kann. Das Kommando zum Auslassen ist ein kurzes und strenges „Aus", angeführt vom Namen Ihres Hundes, um dessen Aufmerksamkeit zu erlangen. Sie müssen Ihrem Welpen dieses Kommando schnell beibringen, denn es ist sehr wichtig, dass er nichts frisst, was er nicht fressen darf und was ihm schaden kann. Er muss den Befehl möglichst noch vor der ersten Auslasssituation kennen und befolgen können.

Sie üben diesen Befehl mit Ihrem Hund am besten mit einem Spielzeug oder Kauknochen. Sagen Sie das Kommando und ziehen dann nur leicht an dem Gegenstand in seiner Schnauze. Das machen Sie solange, bis Ihr Hund den Gegenstand freigibt. Ein dickes Loben folgt und wenn Sie wollen eine kleine Leckerei oder die Rückgabe des Übungsgegenstandes - das stärkt sein Vertrauen in Sie. Die Umsetzung der Theorie ist bei diesem Kommando oftmals etwas schwierig, da der Hund ganz natürlich seinen Besitz verteidigen will und nicht gerade sehr kooperativ auf das Anfassen und Herausziehen eines Gegenstandes

aus seinem Maul reagieren kann. Hier ist Ihr Fingerspitzengefühl für die Situation gefragt, das Ganze eben nicht in ein Gerangel eskalieren zu lassen. Ein energisches „Nein" kann von Ihnen angebracht werden, wenn der Hund es zu toll treibt. Doch auch dieses Kommando wird nach einer Weile verstanden werden und Ihr Leonberger lässt dann auf Befehl aus, was immer er gerade im Maul hat.

Das „Sitz"

Das „Sitz" ist ein recht einfach zu vermittelndes Kommando, das kurz und betont erteilt wird. Sie nennen zunächst den Namen Ihres Hundes, dann ein kur-

zes und bestimmtes „Sitz". Eine geeignete Möglichkeit, dieses Kommando zu üben, sind alle Mahlzeiten und vor jeder Vergabe eines Leckerlis. Nehmen Sie das Leckerli oder den Freßnapf in die Hände und stellen sich vor Ihren Hund. Wahrscheinlich wird er unruhig sein und auf das Fressen warten. Erteilen Sie jetzt das Komando und belohnen Sie Ihren Schützling nachdem er sich setzt. Wahrscheinlich setzt sich Ihr Leonberger von ganz alleine hin, denn dies ist eine höchst natürliche Position für den Hund. Auf Dauer ist das „Sitz" neben dem „Platz" sicher eines der häufigsten Kommandos und Ihr Hund muss lernen, es schnell zu befolgen. Es genügt am Anfang nicht, den Befehl nur bei den paar Mahlzeiten am Tag zu üben, auch muss der Hund nicht immer mit einem Leckerli belohnt

werden, er wird sich über Ihr Lob und Ihre Freude mitfreuen können. Reagiert Ihr Hund anfangs nicht auf das Kommando, er versteht es schließlich nicht, dann halten Sie ein Leckerli hoch, so dass er sich automatisch vor Sie setzt. Auch wenn er nur mit dieser kleinen Hilfe zum Sitzen kommt, wird er von Ihnen wieder ausgiebig gelobt. Der Hund darf seine Position erst aufgeben, wenn Sie ihm dies erlauben.

Sollten Sie Ihren Leonberger an der Leine führen, bedenken Sie, dass er nicht aus vollem Lauf sofort auf Ihr Kommando reagieren kann. Verlangsamen Sie deshalb Ihr Tempo, bevor Sie das Kommando geben. Gegebenenfalls üben Sie mit der Hand, auf deren Seite Ihr Hund gerade läuft, einen leichten Druck auf sein Hinterteil aus, ohne dass Sie sich jedoch

Beim Kommando „Platz" legt sich Ihr Hund auf den Boden und sollte in dieser Position verharren, bis Sie ihm erlauben, sich zu erheben. Das „Platz"-Kommando sollten Sie nur in entspannter Atmosphäre üben, da sich der Hund in eine Position begibt, die er natürlicherweise nicht einnimmt, wenn er sich bedroht oder verängstigt fühlt, da sie ihm keine schnelle Flucht erlauben würde.

über ihn beugen, was er als bedrohlich empfindet und ängstlich reagieren wird. Sollte Ihr Leonberger den Befehl verweigern, quittieren Sie jedes andere als das gewünschte Verhalten mit einem strengen „Nein".

Das „Platz"

Von der Qualität her ist das „Platz" dem „Sitz" sehr ähnlich und kann auch sehr ähnlich geübt werden. Warten Sie zunächst ab, bis Ihr Hund das Sitz beherrscht. Der Schritt ist dann nicht mehr weit, denn sitzt Ihr Leonberger erst einmal, können Sie nach dem Kommando „Platz" ein Leckerli tiefer vor ihn halten, so dass er sich von selbst in eine liegende Haltung begibt. Hat er diese eingenommen, loben Sie ihn. Auch für das Platz gilt, dass Ihr Hund seine Position erst aufgeben darf, wenn Sie ihm dies erlauben. Um dieses Verhalten zu unterstützen, können Sie beim Belobigen seinen Rücken sanft festhalten, so dass Ihr Hund gar nicht aufstehen kann. Später reagiert Ihr Hund dann allein auf das Kommando „Platz", ohne dass Sie den Umweg über das „Sitz" gehen müssen. Ein sinnloses Unterfangen wäre es allerdings zu versuchen, den Hund aus dem Stehen durch Druck auf den Rücken sofort in die Platz-Position zu bringen, hier ist selbst ein Welpe stark genug Ihrem Drücken zu widerstehen und Verletzungen der noch schwachen Wirbelsäule sollten Sie nicht riskieren.

Führen Sie Ihren Hund an der Leine geben Sie auch das Kommando „Platz" erst, nachdem Sie den Schritt verlangsamt haben und fast zum Stehen gekommen sind. Geben Sie das Kommando im vollen Lauf,

Um auf einer Zuchtschau bestehen zu können, muss Ihr Hund nicht nur gut aussehen, er muss auch in seiner Art und seinem Wesen rassetypisch sein und überzeugen können.

braucht Ihr Hund zu lange, um es umzusetzen, bleiben Sie erst stehen, bevor Sie das Kommando geben, wird Ihr Hund noch ein paar Schritte weiterlaufen und unweigerlich nicht neben sondern vor Ihnen zum Sitzen oder Liegen kommen. Als Folge dreht er sich nach Ihnen um und kommt vielleicht sogar zurückgelaufen.

Das Betteln

Eine eher lästige und unschöne Angewohnheit, die einem Leonberger auch nur schwer abzugewöhnen ist, ist das Betteln. Gerade am Tisch und wenn Gäste da sind, kann ein bettelnder Hund nicht nur sehr anstrengend werden, eine nasse Hundeschnauze auf dem Esstisch ist zudem nicht sehr appetitlich. Das Betteln ist eine Angewohnheit, die Sie am besten gar nicht erst entstehen lassen. Hierzu ist lediglich Ihre Konsequenz not-

wendig, denn Sie können Ihrem Leonberger nicht alles erlauben und jeden Wunsch erfüllen. Nur wenn Sie von der ersten Minute an konsequent sein Betteln ignorieren und wenn notwendig mit einem bestimmten „Nein" unterbinden, werden Sie später einen Hund besitzen, der auch beim leckersten Schnitzel auf Ihrem Teller brav zu Ihren Füssen liegt.

Ihr Missfallen deutlich machen

Ein heikles Thema in der Erziehung, und sicher nicht nur in der von Hunden, ist die richtige Art der Bestrafung. Ihrem Leonberger zeigen Sie Ihr Missfallen seines Tuns am besten mit einer eindeutigen Geste und einem strengen, bestimmten Tonfall. Die gebräuchlichen Kommandos sind „Pfui" oder „Nein". Eine Bestrafung in Form von Schlägen ist sicher nicht der richtige Weg und zeigt nur die Charakterschwäche des Halters. Ihr Hund muss Sie als seinen Herrn respektieren und auf Sie hören. Wenn er merkt, dass Sie mit ihm unzufrieden sind und Sie ihm dies durch Ihre Ermahnung zeigen, ist dies für ihn Strafe genug. Bitte halten Sie sich daran.

Sie können das Fehlverhalten Ihres Hundes nur im direkten zeitlichen Zusammenhang mit seiner Missetat bestrafen. Bei einer späteren Mahnung wird er den Zusammenhang mit seinem Fehlverhalten selbst nicht mehr herstellen können. Das Beispiel des streunenden Hundes macht diese für Sie missliche

Wer den stürmischen Begrüßungen eines Leonbergers stand halten will, muss schon mit beiden Füßen sicher auf dem Boden stehen. Ein ausgewachsener Leo kann Sie da schon in Verlegenheit bringen. Sie sollten sich überlegen, ob Sie dieses Verhalten immer akzeptieren wollen oder es ihm bei Zeiten abgewöhnen wollen - aber wer kann soviel Zuneigung schon widerstehen?

Situation sehr deutlich. Wenn Ihr Leonberger einmal ausreisst und erst nach Stunden nach Hause zurückkehrt, so dürfen Sie ihn nicht für sein Fortgehen bestrafen, sondern im Gegenteil, Sie loben ihn für seine Rückkehr. Eine Bestrafung zu diesem Zeitpunkt sieht er im Zusammenhang mit seiner Rückkehr, nicht mit seinem Verschwinden. Würde er in diesem Moment bestraft, bliebe er das nächste Mal aus Angst vor der Bestrafung länger weg oder käme gar nicht wieder. Eine Ermahnung ist also nur zu dem Zeitpunkt möglich und sinnvoll, in dem Ihr Hund streunen gehen will. Dies gilt für alle Fälle, in denen Sie ein Fehlverhalten erst später bemerken.

Grundregeln zur Erziehung

Konsequenz

Was dem Hund von einem Familienmitglied verboten wird, muß automatisch auch bei allen anderen Familienmitgliedern verboten sein.

Kommandos (Hörzeichen)

Alle Kommandos (ausgenommen das „Komm") sind kurze und energisch gesprochene Befehle, keine Bitten. Es muss dem Hund möglich sein, die unterschiedlichen Kommandos anhand verschiedener Stimmlagen zu unterscheiden, weshalb jede Übung ihr eigenes Kommando hat. Verwenden Sie also niemals ein Kommando für zwei unterschiedliche Übungen, denn das bringt den Hund völlig durcheinander.

Gewöhnen Sie Ihren Hund nicht daran, erst auf das dritte oder vierte Kommando zu hören. Nach dem ersten nicht befolgten Befehl erfolgt sofort die unmittelbare Einwirkung und die Wiederholung der Übung bis zur richtigen Ausführung. Der Hund wird schnell begreifen, dass er sich den Tadel (negativer Reiz) erspart, wenn er gleich beim ersten Kommando folgeleistet und gelobt wird (positiver Reiz). Beenden Sie eine Übungslektion stets mit einem Kommando, das der Hund gut ausführt und somit mit einem Lob belohnt werden kann.

Die weitere Ausbildung Ihres Leonbergers

Die Größe und Stärke der Leonberger legt nahe, diese als Wach- und Schutzhunde auszubilden. Über Jahrzehnte hinweg wurden diese Hunde aber gerade auf Menschenliebe und ein ruhiges Wesen gezüchtet. Nur wenige Leonberger eignen sich zum Schutzhund und legen entsprechende Prüfungen erfolgreich ab. Die genannten Schwierigkeiten, die die Größe und das Gewicht dieser Hunde für aktiven Sport mit sich bringen, stehen ebenfalls den Anstrengungen der Schutzhundprüfung entgegen. Der „Deutsche Verein für Leonberger Hunde e.V." empfiehlt auf jeden Fall, die Begleithundprüfung abzulegen, die Ihnen den Umgang mit einem solch großen und kräftigen Hund vereinfacht. Alle weiteren Ausbildungen sind eher die Ausnahme und sportlich aktive Leonberger sieht man äußerst selten. Die von den Neufundländern erworbene Wasserliebe kann sicher bei einigen Leonbergern gefördert werden und Sie können mit ihnen Wassersport betreiben.

Der alte Spruch „Vorsicht ist besser als Nachsicht" ist besonders beim Thema Gesundheit aktuell und schon beinahe eine Grundweisheit. Viele Gesundheitsprobleme Ihres Leonbergers sind vermeidbar, wenn Sie sich genau darüber informieren, wo die Gefahren für Ihren Hund liegen und wie Sie sie möglichst gering halten oder gar ausschließen können. Hierzu gehören die unterschiedlichsten Kapitel der Hundehaltung und eine verantwortungsbewusste Gesundheitsvorsorge umfasst neben einer artgerechten Haltung und einem artgerechten Umgang mit Ihrem Leonberger ganz entscheidend die Punkte Ernährung und die Krankheitsvorsorge, wie sie in diesem Kapitel beschrieben wird. Ganz trennen lassen sich die einzelnen Faktoren nicht, denn zu einer umfassenden Krankheitsvorsorge gehört eine

gesunde Ernährung und auch eine solide Erziehung, die Ihrem Leonberger zeigt, welchen Gefahren er sich nicht aussetzen darf. Da diese beiden Teilbereiche der Hundehaltung schon ausführlich besprochen wurden, setzen wir uns nun mit der eher medizinischen Seite der Vorsorge auseinander und ich werde Themen wie Impfungen und Besonderheiten der einzelnen Lebensabschnitte ansprechen. Da der Grundstein des neuen Lebens mit der Auswahl der Elterntiere beginnt, möchte ich nur ganz kurz auf die Zucht eingehen, die ausdrücklich mit dem Schwerpunkt der Gesundheit der Nachkommen besprochen wird und sich nicht lange an den Rassestandards aufhalten wird. Ich möchte hier nicht missverstanden werden, denn ich sage nicht, dass Rassezucht und Gesundheit nicht Hand in

Mit wenigen Tieren leben wir in so engem Kontakt wie mit Hunden. Auch wenn die meisten Hundekrankheiten für den Menschen keine Gefahr darstellen, sind wir für einige Hundeparasiten eine annehmbare Alternative. Foto: bede-Verlag

Die Gesundheitsvorsorge beginnt bei der überlegten und verantwortungsbewussten Auswahl der Elternhunde. Nur die Hunde, die körperlich und charakterlich in einem einwandfreien Zustand sind, dürfen nach den strengen Zuchtvoraussetzungen des DCLH zur Zucht herangezogen werden.

Hand gehen können. Bei den Leonbergern ist dies ganz klar der Fall, dennoch gibt es traurige Beispiele einer missverstandenen Zuchtauswahl, von der ich mich hier eindeutig distanzieren möchte.

Zucht und Auswahl der Elterntiere

Wer züchten möchte, muss sich darüber im Klaren sein, dass die Aufzucht der Welpen anstrengend und beinahe eine Vollzeitbeschäftigung ist. Mit der Zucht lässt sich unter günstigen Umständen

etwas Geld verdienen, aber das Risiko unkalkulierbarer Tierarztkosten im Krankheitsfall machen die Zucht nicht zu einem lukrativen Geschäft, sondern vielmehr zu einer Passion begeisterter Hundeliebhaber. Abgesehen von allen Auflagen, die Ihnen Ihre regionalen Vereine vor der Belegung Ihrer Hündin und dem Deckrüden machen, müssen Sie sich über die Gesundheit Ihrer Leonberger informieren und diese untersuchen lassen. Der DCLH bürgt als Mitglied des VDH für eine erstklassige Zuchtüberwachung und Betreuung seiner Mitglieder und Züchter bei allen sich ergebenen Problemen.

Zur medizinischen Vorsorge gehört neben der Untersuchung auf Erbkrankheiten und auf eine HD oder ED auch der ausreichende Impfschutz und eine wiederholte Entwurmung der Elterntiere. Der DCLH schreibt seit über 30 Jahren das HD-Röntgen vor und hat die mittlere HD seit rund 25 Jahren aus der Zucht ausgeschlossen. Vor der Belegung muss besonders die Hündin in einem gesundheitlich einwandfreien Zustand sein, um den Strapazen der Geburt und Aufzucht gewachsen zu sein. Die richtige und verantwortungsbewusste Auswahl der Eltern ist der entscheidende Grundstein nicht nur für Ihre eigenen Welpen, sondern auch insgesamt für das Fortbestehen einer gesunden Rasse. Dafür tragen alleine Sie und der Verein mit seiner Zuchtüberwachung die Verantwortung. Doch nur soviel an dieser Stelle zur Zucht, die nicht Hauptthema dieses Buchs ist. Erkundigen Sie sich hierzu am besten bei erfahrenen Züchtern und Tierärzten nach den möglichen Komplikationen und dem normalen Ablauf einer Schwangerschaft. An dieser Stelle will ich mit der Besprechung der Gesundheitsvorsorge beginnen.

Allgemeine Vorsichtsmaßnahmen

Der einfachste und zugleich effektivste Rat zur Gesundheitsvorsorge ist in meinen Augen: Beobachten Sie Ihren Hund und fragen Sie sich bei auftretenden Verhaltensänderungen und äußerlich erkennbaren Veränderungen, woran dies liegen könnte. Das müssen gar keine großen Wesensänderungen oder deutlich sichtbare Ekzeme oder Ausflüsse sein, das können ganz subtil verlaufende Erscheinungen sein, die Sie aber von Anfang an nicht zur Seite schieben und vernachlässigen dürfen. Lieber gehen

Sie der Sache einmal zu oft nach, als vielleicht den Beginn einer Krankheit zu überspielen, die dann in einigen Fällen nicht oder nur sehr viel aufwendiger und somit auch kostenintensiver behandelt werden kann. Doch ich will mich nicht an den Kosten aufhalten, denn ich denke, dass für Sie als verantwortungsbewussten Hundehalter die Gesundheit Ihres Leonbergers das Maß der Dinge ist, nicht die zu befürchtenden Arztrechnungen. Neben den Veränderungen an Ihrem Leonberger spielen aber noch andere Faktoren in eine direkte Vorsorge mit hinein. Dazu zählt ganz entscheidend Ihre Aufmerksamkeit und Ihr Gespür für gefährliche Situationen. Obwohl unseren Leonbergern schon von der Natur bestimmte Instinkte zur Gefahrenvermeidung mit in die Wiege gelegt werden, kennen sie kein Stadtleben, keine Autos, keine Elektizität oder andere, künstliche Gefahrenquellen. Hier ist es eindeutig an Ihnen, diese Gefahren für Ihren Leonberger zu minimieren und fahrlässige Situationen zu vermeiden. Achten Sie auch darauf, was Ihr Hund in die Schnauze nimmt, was er frisst, woran er riecht, womit er gerne spielt. Viele Dinge, die bei Ihnen in der Wohnung, im Haus oder im Garten herumliegen, sind für Sie keine Gefahr, können aber von Ihrem Leonberger verschluckt werden, ihm die Luft abschnüren oder im Magen-Darm-Trakt zu ernsthaften Problemen führen. Ebenso sind Süßigkeiten und chemische Mittel für Ihren Hund gefährlich, sie sind meist schwer krank machend oder gar tödlich, nur weiß der Hund dies vorher nicht. Achten Sie genau darauf, was Sie wo herumliegen lassen und ob es für Ihren Hund erreichbar ist, wenn er denn unbedingt will.

Welpen knabbern gerne an allen möglichen Dingen herum und Stromkabel sind da eine echte Gefahr. Im Kapitel „Erste Hilfe" finden Sie einige Anregungen, wie Sie diesen Gefahren begegnen können.

Neben den Vorkehrungen, die Sie im häuslichen Umfeld Ihres Leonbergers treffen können, sind Vorkehrungen aus medizinischer Sicht nicht nur empfehlenswert, sie sind ein absolutes Muss. Ich spreche hier nicht von Gefahren, die von der unnatürlichen Umgebung des Hundes ausgehen, sondern von Krankheitserregern aller Art. Neben Impfungen gegen die häufigsten Krankheiten, auf die ich noch detailliert eingehen werde, gehört hierzu auch das Wissen darum, wo die Krankheitserreger lauern und wie sich Ihr Hund anstecken kann. In Ihrem eigenen Sinn und in dem aller Hundehalter isolieren Sie Ihren infizierten Hund genauso, wie Sie es von anderen Hundehaltern erwarten. Achten Sie trotzdem auch bei Ihnen unbekannten Hunden auf deren Äußeres und vermeiden Sie den Kontakt zu Ihrem Hund, wenn Sie offensichtliche Anzeichen der Verwahrlosung oder Krankheit erkennen.

Da Sie im Kapitel „Infektionen und Parasitosen" genau erfahren können, wie die Infektionsketten der einzelnen Krankheiten verlaufen, möchte ich dies an dieser Stelle übergehen und näher auf den Sinn und die Praxis der üblichen Schutzimpfungen eingehen.

Impfschema der Grundimmunisierung

Zeitpunkt	Impfung gegen	Kommentar
6. Woche	Parvovirose Staupe	} Vorgezogen bei erhöhtem Infektionsrisiko
8. Woche	Parvovirose Staupe	} wenn nicht bereits in der sechsten Woche
	Hepatitis c.c. Leptospirose Zwingerhusten (Virushusten)	generell möglich, empfohlen, wenn Hund zu Risikogruppe gehört
10. Woche	Parvovirose	Auffrischung, wenn bereits in der sechsten Woche das erste Mal geimpft wurde
12. Woche	Parvovirose Staupe	Auffrischung, wenn bereits in der achten Woche das erste Mal geimpft wurde
	Hepatitis c.c. Leptospirose Zwingerhusten (Virushusten)	Auffrischung, wenn in der achten Woche geimpft wurde
ab 12. Woche	Tollwut	
jährlich	Parvovirose Leptospirose Tollwut Zwingerhusten Staupe Hepatitis c.c.	} Auffrischung

Impfungen

Es existieren heutzutage gegen einige der gefährlichsten Infektionskrankheiten gute Impfstoffe, die Ihren Hund meist völlig von den pathologischen, also krankmachenden Folgen einer Infektion bewahren. Auch wenn nicht immer ein absoluter Impfschutz garantiert ist, ist der Krankheitsverlauf eines geimpften Leonbergers generell leichter als der eines völlig ungeschützten Hundes.

Denken Sie dran!

Der beste Schutz vor Unfällen ist die Vorsorge und Vermeidung gefährlicher Situationen. Je jünger Ihr Hund ist, desto unerfahrener ist er auch. Wie ein kleines Kind muss er erst noch lernen, mit Gefahren richtig umzugehen. Zeigen Sie ihm, was gefährlich für ihn ist und seien Siebesonders in Gebieten aufmerksam, die auch Ihnen noch unbekannt sind.

Eine Impfung, und das ist wichtig zu verstehen, schützt nicht vor der eigentlichen Infektion, denn sie hindert die Krankheitserreger nicht, in den Körper einzudringen. Eine Impfung bereitet das Immunsystem des Geimpften nur auf den Erreger und seine Bekämpfung vor. In den Gedächtniszellen des Immunsystems sind nach der erfolgten Impfung nebst Auffrischung Antiköper gespeichert, die den jeweiligen Eindringling spezifisch bekämpfen können. Dazu muss der Erreger aber erst einmal in das Kreislaufsystem des Hundes gelangen. Die eigentliche Krankheit mit all ihren unangenehmen, im schlimmsten Fall tödlichen Wirkungen und Symptomen ist also nicht das Eindringen in den Körper, sondern die unkontrollierte Vermehrung der Erreger darin. Genau hier setzt das Immunsystem an, denn egal ob geimpft wurde oder nicht, bekämpft es die Erreger. Die Krankheit bricht nur dann aus oder endet tödlich, wenn das Immunsystem die Vermehrung der Erreger nicht oder zu spät stoppen kann. Der große und entscheidende Vorteil der

Impfung liegt demnach darin, dass das Immunsystem bei Infektionskrankheiten, gegen die der Hund bereits einen vollständigen Impfschutz erworben hat, weiß, wie der Erreger zu bekämpfen ist. Die Antiköper, die durch die Impfung erworben wurden und die in den Gedächtniszellen gespeichert sind, können fast ohne Zeitverlust bereitgestellt und in vielfacher Kopie angefertigt werden. Dem Erreger bleibt weniger Zeit, sich in ausreichender und nicht mehr kontrollierbarer Menge zu vermehren. Impfungen müssen in regelmäßigen Abständen wiederholt werden. Das nachfolgende Impfschema fasst die empfohlenen Impfungen zusammen und gibt gleichzeitig den optimalen Zeitpunkt an. Etwas detaillierter werden die Impfungen in den jeweiligen Kapiteln über die Lebensabschnitte besprochen, in denen zu ihnen geraten wird.

Wurmkuren

In regelmäßigen Abständen, mindestens halbjährlich, müssen Sie bei Ihrem Leonberger eine Wurmkur durchführen. Beim Tierarzt erhalten Sie Präparate, die gegen mehrere Wurmparasiten gleichzeitig wirken und einfach zu handhaben sind. Neben den routinemäßigen Kuren werden Sie diese natürlich auch bei jedem Befall mit Band-, Peitschen-, Haken- oder Rundwürmern sofort durchführen. Ebenso ist eine Wurmkur vor jeder Trächtigkeit und nach dem Werfen sowohl bei der Mutter, dem Vater als auch bei den Welpen notwendig, auch wenn diese zum Zeitpunkt der Befruchtung wurmfrei war. Die Larven einiger Wurmparasiten haben die Angewohnheit, verkap-

Im Alter bis acht Wochen

Nach überstandener Geburt müssen sich die frisch geborenen Welpen und die Mutter ersteinmal erholen und benötigen Ruhe. So sehr Ihre Hilfe während der Geburt gebraucht wurde, so sehr hilft den Hunden nun eine Pause zum Entspannen und Kräfte sammeln. Achten Sie in den folgenden Tagen sehr genau auf das Verhalten der Welpen und der Mutter. Gerade zu Anfang nehmen die Welpen stark an Gewicht zu und fühlen sich rund und wohlgenährt an. Bei besonders großen Würfen kann es sein, dass die Mutter nicht genügend Milch produzieren kann. Natürlicherweise weisen dann nicht alle Welpen einen geringeren Gewichtszu-

Für die jungen Welpen stehen in der achten Lebenswoche die ersten Impfungen an. Gleichzeitig werden sie entwurmt und auf ihren allgemeinen Gesundheitszustand untersucht. Die ersten Abwehrstoffe erhalten sie über die Muttermilch, so wird das noch schwach entwickelte Immunsystem gestärkt.

selt in der Muskulatur Dauerstadien zu bilden, die auf Grund der veränderten Hormonzusammensetzung während der Schwangerschaft freigesetzt werden. Näheres hierzu finden Sie im Kapitel „Infektionen und Parasitosen".

Nach diesen allgemeineren Informationen sehen wir uns nun die einzelnen Lebensabschnitte der Leonberger genauer an und Sie werden erfahren, was Sie von den ersten Wochen bis zu den letzten Tagen Ihres Vierbeiners zu beachten haben.

wachs auf, sondern einige würden ganz auf der Strecke bleiben, wohingegen die stärkeren Welpen gut im Futter stehen. Zunächst sollten Sie versuchen, der Hündin durch hochwertiges und reichlich Futter zu einer höheren Milchproduktion zu verhelfen. Auch können Sie die Welpen in kleinen Gruppen von Hand an die Zitzen setzen und so eine bessere Kontrolle über die Milchaufnahme der einzelnen Hunde erreichen. Ferner beobachten Sie, ob die vorhandene Muttermilch auch wirklich von den Kleinen ausgetrunken wird. Erst wenn alle diese

Bemühungen nicht fruchten, sollten Sie helfend einspringen und die Kleinen per Hand aufziehen. Geeignete Welpenmilch bietet Ihr Tierarzt oder der Fachhandel an. Bleiben alle Welpen im Wachstum zurück und wirken unterernährt, hat die Mutter wahrscheinlich ernsthaftere Probleme mit der Milch-

Denken Sie dran!

Das Immunsystem der neugeborenen Welpen ist noch sehr schwach. Erste Antikörper erhalten die Welpen mit der Muttermilch, die Impfungen werden erst in der achten Woche durchgeführt. In dieser Phase achten Sie besonders darauf, womit sich Ihr Hund beschäftigt, um mögliche Infektionen zu vermeiden.

produktion oder leidet an einer Entzündung der Milchdrüsen. Fragen Sie Ihren Tierarzt um Rat, der die eindeutige Diagnose stellen kann. Im Krankheitsfall müssen Sie die Welpen von Hand aufziehen. Wichtig ist, dass die Welpen innerhalb der ersten 24 Stunden mit dem Saugen beginnen. Hierbei nehmen Sie neben den wichtigen Nährstoffen auch von der Mutter gebildete Antikörper auf und stärken so ihr eigenes, noch schwaches Immunsystem.

Leider enthält die Milch nicht nur Gutes, sondern in den meisten Fällen auch Wurmlarven, die während der Schwangerschaft freigesetzt wurden und sich vermehren konnten. Über 75% der Welpen werden so mit Würmern infiziert und müssen deshalb entwurmt werden, ebenso das Muttertier. Da Sie die erste Tierarztuntersuchung besser nicht zu lange aufschieben, sondern die Jungen schon nach einer Woche routinemäßig untersuchen lassen sollten, kann Ihnen der Tierarzt hierbei gleich ein geeignetes Mittel verschreiben. Züchten Sie das erste Mal, so sollten Sie diese erste Untersuchung nach einer Woche auf jeden Fall einhalten. Die Wurmkuren müssen mehrmals wiederholt werden, bis die Welpen und die Mutter wieder wurmfrei sind, danach reicht eine etwa jährliche Prophylaxe. Ein starker Wurmbefall kann für Ihre Welpen tödlich enden und gerade Spulwürmer gehen auch auf den Menschen über.

In den ersten acht Wochen werden die Welpen zusehends kräftiger und aktiver. Sie beginnen, ihre Umgebung zu erforschen und werden an allem herumknabbern und das Mögliche ausprobieren. So schön und interessant diese Zeit ist, so viele Gefahren birgt sie auch für die unerfahrenen Welpen und genau soviel Anstrengung steht Ihnen bevor. Die Kleinen sind natürlich nicht stubenrein und anfangs auch gar nicht in der Lage, den Bereich um die Mutter zu verlassen. Achten Sie hier auf Sauberkeit. Zwar wird der erste Milchkot noch von der Mutter beseitigt, indem sie ihn frisst, mit Beginn der ersten Zufütterungen aber lässt sie die kleinen Haufen schon lieber liegen. Das „richtige" Leben beginnt für die kleinen Leonberger dann ab der sechsten bis achten Woche. In dieser Zeit müssen die ersten Impfungen erfolgen. Sollten Ihre Welpen schon jetzt

Kontakt zu anderen Hunden haben, sind die Impfungen gegen Parvovirose und je nach Anraten des Tierarzts auch gegen Staupe zeitlich etwas vorzuziehen und die erste Immunisierung sollte schon in der sechsten Lebenswoche stattfinden. Bis zu einem Alter von etwa 18 Monaten ist es sehr wichtig, dass Sie die jungen Hunde nicht überanstrengen und jede Belastung für die Gelenke vermeiden. Treppensteigen ist für heranwachsende Leonberger ein Tabu. Selbst wenige Stufen müssen Sie ihre jungen Hunde hinauftragen.

Im Alter von acht bis sechzehn Wochen

Spätestens in der achten Lebenswoche muss eine gründliche Untersuchung der Welpen durch den Tierarzt erfolgen. Bei dieser Generaluntersuchung werden die eher langsam durchbrechenden Zähne auf ihre richtige Stellung kontrolliert, erste Anzeichen von Augenproblemen können sich zeigen, auch wird bei den Rüden kontrolliert, ob auch beide Hoden richtig in den Hodensack gewandert sind. Sind die Welpen topfit werden bei dieser Gelegenheit gleich die notwendigen Schutzimpfungen verabreicht. Sollten die Welpen gegen Parvovirose und gegebenenfalls auch gegen Staupe noch nicht geimpft worden sein, werden diese Impfungen nun zusammen mit denen gegen Hepathis (H.c.c.) und Leptospirose nachgeholt. Bei gefährdeten Leonbergern wird Ihr Tierarzt zusätzlich zu einer Impfung gegen Zwingerhusten raten.

Die Erstimmunisierung muss nach vier Wochen aufgefrischt werden und so werden die Welpen in der zwölften Lebenswoche nochmals gegen Parvovirose, Staupe, Hepathitis (H.c.c.) und Leptospirose geimpft. Zugleich werden sie das erste Mal gegen Tollwut geimpft. Wurden die Impfungen gegen Parvovirose und Staupe in die sechste Lebenswoche vorgezogen, so ist auch die Auffrischung gegen diese Erreger um zwei Wochen in die zehnte Lebenswoche vorzuziehen. Der Impfschutz gegen Tollwut wird dann in der sechzehnten Lebenswoche aufgefrischt. Die weiteren Auffrischungen dieser Grundimmunisierung finden nun jährlich für Parvovirose, Leptospirose, Tollwut, Staupe und Hepathitis (H.c.c.) statt. Die Einhaltung dieser Auffrischungen ist sehr wichtig für die Kontinuität des Impfschutzes und darf von Ihnen nicht vergessen werden. Manche Tierärzte bieten Ihnen an, Sie an die fälligen Auffrischimpfungen zu erinnern. Gerade die Tollwutauffrischung kann Ihrem Hund das Leben retten. Die gesetzlichen Bestimmungen in Deutschland schreiben die Tötung eines Hundes vor, dessen letzte Auffrischung länger als 365 Tage her ist, wenn er von einem tollwutverdächtigen Tier verletzt wurde. Dabei ist es egal, ob die Tollwut nachweislich übertragen wurde oder nicht! Schützen Sie sich und Ihren Leonberger vor solch grausamen Situationen, indem Sie ihn regelmäßig von Ihrem Tierarzt impfen lassen.

Neben diesen medizinischen Maßnahmen, mit denen Sie den Grundstein für eine gesunde Zukunft Ihrer Welpen legen, ist der Zeitraum zwischen der achten und zwölften Lebenswoche aber noch durch eine andere, für das spätere Verhalten Ihrer Leonberger maßgebliche Phase bestimmt, die als Sozialisationsphase bezeichnet wird. In ihr lernen die Welpen im weitesten Sinne soziales Verhalten. Das bedeutet für Sie, Ihren Leonberger in möglichst viele neue Situationen zu bringen, in denen er den Umgang mit Geräuschen, anderen Tieren und nicht nur Hunden und anderen Menschen kennenlernen kann. Ab der achten Woche beginnt die Selbstständigkeit der Welpen. Sie lösen sich von der Mutter und machen ihre eigenen Erfahrungen. Es ist der Zeitpunkt, ab dem ich Ihnen zum Kauf eines Welpen rate. Die Welpen sind in dieser Lebensphase sehr abenteuerlustig und verspielt, aber auch sehr lernbegierig. Beginnen Sie mit der Erziehung der Welpen so schnell es geht, aber überfordern Sie die Kleinen nicht und seien Sie nachsichtig, wenn das Spielen und Entdecken momentan die Lust am Üben übersteigt. Erstes Ziel Ihrer Erziehung wird neben den Grundbefehlen des Auslassens, „Sitz" oder „Platz" die Stubenreinheit sein. Da die Grundimmunisierung bis zur zwölften Woche noch nicht abgeschlossen ist, müssen Sie bis dahin verstärkt auf den Umgang der Welpen achten. In keinem Fall aber dürfen Sie die Welpen bis dahin isolieren. Auch wenn die ersten Wochen im neuen Zuhause aufregend sind und es unendlich viel Neues zu entdecken gibt, ist auch der Umgang mit fremden Menschen wichtig, um später einen offenen, freundlichen Leonberger zu besitzen. Machen Sie Ihren Hund jetzt mit den anderen Haustieren bekannt. Sollten Sie die Anschaffung eines weiteren Haustiers planen, können Sie schon jetzt ein Zusammentreffen organisieren. Vielleicht besitzt einer Ihrer Bekannten eine Katze, die Sie Ihrem Welpen schon einmal zeigen können.

Jetzt ist es für den Welpen an der Zeit, die Welt des Menschen zu erkunden. Alltägliches wie der Straßenverkehr, Auto fahren oder die öffentlichen Verkehrsmittel sind Dinge, an die sich der Kleine so schnell wie möglich gewöhnen sollte. Sie können ab der zwölften Woche auch beruhigt den einen oder anderen etwas längeren Spaziergang im Wald riskieren und auch das Zusammensein mit unbekannten Hunden ist nun, nach Erreichen der Grundimmunisierung, kein größeres Wagnis mehr. Achten Sie jedoch weiterhin darauf, mit welchen Hunden Ihr Leonberger spielt, woran er schnüffelt und was er ins Maul nimmt. Auch wenn die Grundimmunisierung abgeschlossen ist, gibt es immer noch genügend andere Krankheitskeime, mit denen sich Ihre Welpe infizieren kann. Das Immunsystem ist noch nicht so weit, wie bei einem erwachsenen Hund und auch leichtere Infektionen können so problematischere Krankheitsverläufe nach sich ziehen.

Eine ganz andere Sorge kommt mit den ersten Ausflügen auf Sie zu: Ihr Hund könnte davonlaufen oder sich ganz einfach verirren. Da muss keine böse Absicht oder der Wille nach Freiheit dahinter stehen, im Spiel mit anderen Hunden oder beim Erkunden unwegsamen Geländes ist dies manchmal schneller geschehen als gedacht. Erste Maßnahme ist natürlich auch hier die Vorsicht und ein ständig waches Auge. Sie müssen vor den ersten Ausflügen Ihren Hund genauso kennen wie er Sie. Auf Zuruf muss er zu Ihnen kommen, ansonsten sollten Sie ihn an unwegsameren, unübersichtlichen Stellen bei Ihrem Spaziergang lieber an die Leine nehmen. Leider lässt sich nicht jeder Unglücksfall im Vorhinein ausschließen und so müssen Sie weitere Vorsichtsmaßnahmen für den Fall treffen, dass Ihr Leonberger verlorengeht.

Traditionell ist die einfachste Vorsorge das Halsband mit der Steuermarke, am besten zusätzlich noch mit der Anschrift und Telefonnummer der Besitzer. Achten Sie aber darauf, dass das Halsband nicht zu eng sitzt, wenn der Hund damit frei im Gelände herumläuft. Er muss sich, sollte er mit dem Band an Gestrüpp oder Ästen hängenbleiben, selbst daraus befreien können, um nicht Gefahr zu laufen, sich zu strangulieren. Leider ist eine Identifizierung nach dem Abstreifen des Halsbands nur noch durch den Besitzer selbst möglich.

Es gibt schon seit längerer Zeit die Möglichkeit, Hunden eine Erkennungsnummer tätowieren zu lassen, die sich meistens an der Innenseite des Ohrs befindet. Mit einer kleinen, lokalen Betäubung ist dieser Eingriff für die Welpen schmerzfrei. Die Tätowierung schreibt der DCLH den Züchtern zwingend vor. Die Nummer ist beim Zuchtbuchamt registriert, eine zentrale Registrierung ist Sache des Halters. Wird ein Hund in ein Tierheim gebracht, kann bei zentraler Registrierung schnell der Besitzer identifiziert und benachrichtigt werden. Achten Sie hier immer auf eine gute

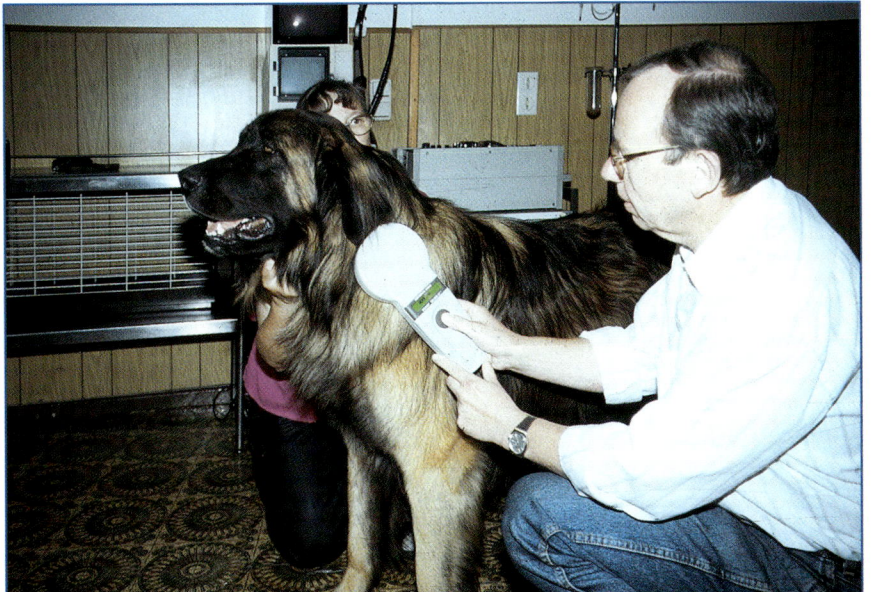

Die Implantation eines Mikrochips ist die modernste Art, Ihren Leonberger zentral registrieren zu lassen. Alle wichtigen Informationen sind hier gespeichert und können mit einem geeigneten Lesegerät überall abgerufen werden. Mittels einer kleinen Kanüle wird der Chip beinahe schmerzfrei am Hals direkt unter der Haut eingepflanzt.

Lesbarkeit der Tätowierung, die auch aufgefrischt werden kann.

Seit einiger Zeit verbreitet ist die Implantation eines Mikrochips unter die Haut, meist in der Region einer Halsseite. Der Chip ist etwa reiskorngroß und wird ohne Betäubung direkt unter die Haut verpflanzt. Mit einem entsprechenden Lesegerät kann so der Halter identifiziert werden. Da der Eingriff von außen nicht sichtbar ist, sollte der Hund in diesem Fall einen Verweis tragen, dass ein Mikrochip implantiert ist.

Sollte Ihr Leonberger einmal verloren gehen, informieren Sie Nachbarn und Tierheime in der Nähe des Unglücksorts, dies erhöht Ihre Chancen, Ihren Hund schnell wiederzubekommen.

Im Alter von vier bis zwölf Monaten

Im Alter von sechzehn Wochen hat der Welpe alle Impfungen hinter sich und ist somit rundum geschützt. Weitere Untersuchungen auf HD und ED sind nun zuverlässiger und sollten im Alter ab 18 Monaten durchgeführt werden. Augen-

erkrankungen können sich schon früher zeigen, eine routinemäßige Kontrolle ist ratsam.

Mit Vollendung des sechsten Lebensmonats hat Ihr Leonberger seine Milchzähne verloren und die bleibenden Zähne sind an ihre Stelle getreten. Der Tierarzt wird kontrollieren, ob der Biss stimmig ist und keine Zahnfehlstellung vorliegt. Bei größeren Problemen, die wenn überhaupt meist durch die Fangzähne verursacht werden, müssen die fehlstehenden Zähne gezogen werden. Dies bereitet den Hunden meist keine größeren Probleme, denn die Jagd entfällt für sie und das Futter ist vorgekocht und zubereitet.

Das Thema Zahnhygiene ist leider eines der am wenigsten beachteten in der Hundehaltung. Gerade Zahnstein führt zu Zahnfleischentzündungen, die zu erheblichen Gesundheitsbeeinträchtigungen führen. Dabei ist ein ständiger, fauliger Mundgeruch noch das kleinste, wenn auch markanteste Übel. Zahnstein hat verschiedene Ursachen, die nicht zuletzt auch in einer ererbten Prädistination liegen können. Sie haben aber verschiedenste Möglichkeiten, der Zahnsteinbildung entgegen zu wirken und diese zu behandeln. Zum einen kann die krankhafte Bildung von Zahnstein in einer falschen Ernährung schon im Welpenalter begründet liegen. Sorgen Sie dafür, dass Ihr Leonberger immer etwas zu knabbern bekommt, er kann so seine Zähne reinigen und sein Zahnfleisch stärken, das von der erhöhten Durchblutung profitiert. Spezielle Kauknochen oder andere Kaugegenstände erwerben Sie im Fachhandel oder direkt bei Ihrem

Denken Sie dran!

Zahnsteinbildung kann zum Problem werden, wenn sich das umliegende Zahnfleisch entzündet. Um der Bildung entgegen zu wirken, geben Sie Ihrem Leonberger regelmässig Kauknochen. Vorhandenen Zahnstein lassen Sie vom Tierarzt entfernen.

Tierarzt. Sollte die Umstellung und Erweiterung der Ernährung alleine nicht helfen, haben Sie noch die Möglichkeit, auf spezielle Zahnreinigungsmittel zurückzugreifen. Genau wie beim Menschen können Sie mit Zahnbürste und Zahnpasta das Gebiss Ihres Leonbergers durch zwei- bis dreimaliges Putzen pro Woche reinigen und beginnende Ablagerungen, die sogenannten Plaque, die zu Zahnstein führt, entfernen. Bildet sich Zahnstein, so führt dieser zu Zahnfleischentzündungen, die zu Zahnfleischschwund und Taschenbildung führen können. Eine Behandlung durch den Tierarzt wird hier unvermeidlich. Besser ist es, wenn Sie regelmäßig mit Ihrem Hund zum Tierarzt gehen und den Zahnstein entfernen lassen, wenn Ihr Hund eine solche Veranlagung hat.

Ab einem Alter von sechs Monaten kann eine Kastration vorgenommen werden. Ob dadurch, wie oftmals behauptet wird, das Risiko an verschiedenen Krebsarten zu erkranken oder ob sich die Chance verringert, Probleme mit der Prostata zu bekommen, ist noch nicht schlüssig bewiesen und darf auf keinen Fall der alleinige Grund für eine Kastration sein. Diese ist in Deutschland verboten und darf nur aufgrund einer medizinischen Indikation wie Hodentumoren oder beim Verbleiben der Hoden in der Bauchhöhle vorgenommen werden. Als Nebeneffekte der Kastration treten manchmal Veränderungen des Fells auf, das sich flauschiger, „welpenartig" zeigt. Wesentlich häufiger und zugleich problematischer sind jedoch die Folgen der Kastration vor Erreichen der Geschlechtsreife in Bezug auf die spätere Entwicklung. Gewichtsprobleme bis hin zur Fettleibigkeit, der durch eine spezielle kalorienarme Kost vorgebeugt werden muss, sollen hier nicht unerwähnt bleiben.

Im Lauf eines Leonbergerlebens entstehen die verrücktesten Freundschaften. Diese Landschildkröte wird eher etwas skeptisch betrachtet. Auch wenn der Leonberger im Alter ruhiger wird, etwas mehr Aktivität erhofft er sich wohl doch von seiner Freundin.

Im Alter von ein bis sieben Jahren

Ab einem Alter zwischen zwei und zweieinhalb Jahren gilt Ihr Leonberger als erwachsen und eine tierärztliche Grunduntersuchung bietet sich zu diesem Zeitpunkt an. Zeigen sich keine Probleme im Skelettaufbau, so ist mit ihnen jetzt auch nicht mehr zu rechnen. Desweiteren wird der Tierarzt Augen und Ohren einer eingehenden Untersuchung unterziehen, die Organfunktionen prüfen, wobei ein spezielles Augenmerk auf Herz und Lungen gelegt wird, sich das Maul und den Rachenraum ansehen und gegebenenfalls eine weitere Entwurmung und die ersten Auffrischimpfungen veranlassen. Er wird Sie als Halter nach Auffälligkeiten in den ersten zwölf Monaten befragen, um zu einem abschließenden Urteil über den Allgemeinzustand Ihres Leonbergers zu kommen.

Ein schon angesprochenes Thema wird Sie nun die nächsten Jahre begleiten, die Zahnhygiene, auf die Sie wirklich achten müssen. Lassen Sie Zahnstein regelmäßig entfernen und sorgen Sie auch in der Prophylaxe für ausreichende Maßnahmen.

Ansonsten bieten Sie Ihrem Leonberger soviel Abwechslung wie möglich. Er darf sich nicht langweilen und möchte täglich mehrmals an die frische Luft, zumindest einmal am Tag etwas länger. Überlegen Sie sich gut, ob Sie Nachwuchs aufziehen möchten und erkundigen Sie sich im Falle dass am besten bei erfahrenen Züchtern nach den Voraussetzungen und der Arbeit, die mit der Hundezucht verbunden ist.

Der ältere Leonberger

Schon ab einem Alter von sieben Jahren tritt Ihr Leonberger in seinen zweiten Lebensabschnitt. Sie werden ziemlich schnell bemerken, dass sich die anfänglichen Ruhephasen ausdehnen, längere Spaziergänge für den Hund immer anstrengender werden und er mit der Zeit bei normaler Fütterung etwas Speck ansetzt. Es wird Zeit, diesen Alterserscheinungen Tribut zu zollen und sowohl die Ernährung als auch die täglichen Aktivitäten der neuen Situation anzupassen. Die Spaziergänge werden vor allem kürzer, nicht seltener und das Futter wird auf eine altersgerechten Kost umgestellt. Selbstverständlich werden die medizinischen Untersuchungen im jährlichen Rhythmus genauso beibehalten, wie die Auffrischimpfungen und gelegentlichen Wurmkuren. Auch wenn hier und da die Meinung besteht, dass einem geschwächten Hund eine Impfung schadet, ist genau das Gegenteil der Fall. Natürlich wird kein Tierarzt einen kranken Hund durch eine Impfung zusätzlich schwächen, aber hat sich Ihr Leonberger von der Krankheit erholt, stärkt jede weitere Impfung sein Immunsystem auch vor anderen Erkrankungen. Sie können in regelmäßigen Abständen, praktischer Weise gleich bei den Jahresuntersuchungen, weitere medizinische Kontrollen veranlassen. So sollte nun auch das Blutbild untersucht werden, Urinproben ausgewertet und bei verdächtigen Symptomen ein EKG oder eine zusätzliche Röntgenaufnahme gemacht werden. All diese Vorsorgemaßnahmen sind mit Kosten verbunden, helfen aber Krankheiten früh zu erkennen, schnell zu behandeln und somit heilen zu können. Sie ermöglichen Ihrem Leonberger so einen zufriedenen und gesunden Lebensabend. Nur dürfen Sie nicht davor zurückschrecken, ihn in aussichtsloser Situation von seinen Qualen zu befreien. Ihre Liebe und Zuneigung zeigen Sie ihm nun, indem Sie ihn bis zum Schluss begleiten. Ihr Leonberger wird es Ihnen danken und Sie werden sich später keine Vorwürfe machen, nicht alles für ihn getan zu haben.

Viele Gesundheitsprobleme, die im Alter auftreten, können Sie nicht verhindern. Je älter Ihr Leonberger wird, desto stärker werden sich auch alterstypische Gebrechen einstellen. Ihre Aufgabe ist es nicht, dies zu verhindern, denn das können Sie nicht. Vielmehr ist es an Ihnen, Ihrem Hund seinen Lebensabend so angenehm wie möglich zu gestalten. Dabei müssen Sie sich auf seine neuen Bedürfnisse einstellen, die sich sowohl in einer verminderten Aktivität, als auch einem anderen Anspruch an sein Futter zeigen.

Wann ist Ihr Leonberger krank?

	Gesunder Hund	Kranker Hund
Augen	klar	gerötet, trübe, ständiges Reiben mit den Pfoten
Nase	sauber	Ausfluss, eitrig verklebt
Ohren	sauber	verkrustet, Ausfluss, übler Geruch, ständiges Kratzen oder Kopfschütteln
Fell	sauber, stehend	struppiges Aussehen, Haarausfall eventuell mit Hautekzemen
Schleimhäute	rosafarben	blass rosa bis weißlich oder rot entzündet
Zahnfleisch	rosafarben, gut durchblutet	weißlich, rot entzündet, käsiger, übelriechender Belag
Bewegungsapparat	fließende Bewegungen	Lahmheit, Bewegungsunlust, Schmerzlaute, Schwierigkeiten beim Aufstehen
Verdauung	fester Kot, keine Verschmutzungen des Fells im Analbereich	Durchfall, verschmutzte Analregion, häufiges Erbrechen, anhaltende Verstopfung, keine Kotabgaben, aufgeblähtes Abdomen
Temperatur	normal, 37,5 bis 39 °C	zu hoch, zu niedrig
Verhalten	aufmerksam, aktiv, Futter- und Wasserkonsum normal	apathisch, unkonzentriert, unregelmäßiges Fressen, Futterverweigerung, erhöhtes Trinkbedürfnis, Rastlosigkeit, Winseln, erhöhtes Ruhe- und Schlafbedürfnis

Für Sie als verantwortungsbewussten Hundehalter muss die Gesundheit Ihres Hundes im Vordergrund aller Bemühungen stehen. Hierbei stehen die vorbeugenden Maßnahmen, wie im vorherigen Kapitel beschrieben, eindeutig im Vordergrund. Ist Ihr Leonberger trotz aller Vorsicht erkrankt, sollten Sie zunächst lernen, wie Sie schnell und problemlos eine erste Diagnose selbst stellen können, um dann entsprechend zu handeln. Da sich Krankheiten oftmals erst durch kleine Vorzeichen, sprich Veränderungen im Verhalten und den grundlegenden Körperfunktionen, ankündigen, bevor sie sich im Organismus ausbreiten, müssen Sie den „Status Quo" Ihres Leonbergers kennenlernen.

Denken Sie dran!

Trotz allen Wissens, das Sie sich im Lauf der Jahre angeeignet haben, die endgültige Krankheitsdiagnose kann nur ein ausgebildeter Tierarzt stellen. Kaufen Sie keine Mittel nach eigenem Ermessen und brechen Sie verschriebene Behandlungen nicht ab, weil Sie keinen Sinn darin sehen. Vetrauen Sie Ihrem Tierarzt!

Die Körpertemperatur

Die Körpertemperatur Ihres Hundes liegt etwas über der von uns Menschen. Als normal gelten Körpertemperaturen zwischen 37,5° C und 39° C. Eine vertrauenswürdige Messung ist nur über den After möglich. Da Ihr Leonberger diese Prozedur nicht sonderlich gerne über sich ergehen lässt, empfehle ich Ihnen, ein digitales Thermometer zu verwenden, das die Temperatur bereits nach wenigen Sekunden genau anzeigt. Vor der Messung fetten Sie die Thermometerspitze leicht ein. Zur Messung heben Sie die Rute Ihres Hundes an und führen das Thermometer in den After ein. Halten Sie das Thermometer und die Rute während der gesamten Dauer der Messung fest. Sollte sich Ihr Leonberger sträuben, lassen Sie Ihn gehen und wiederholen den Versuch etwas später. Üben Sie das Fiebermessen mit Ihrem Hund, damit er und Sie sich mit den Handgriffen vertraut machen. Bei Flüssigkeitsthermometern sollte die Messung mindestens über 30 bis 60 Sekunden dauern, digitale Thermome-

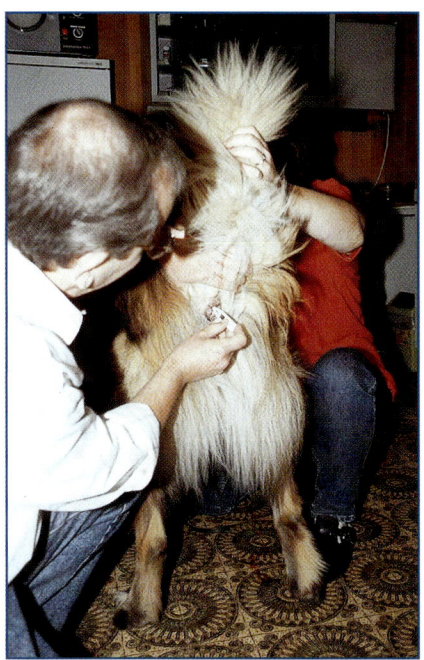

Die Körpertemperatur messen Sie am besten mit einem digitalen Thermometer. Diese sind nicht nur genauer und sicherer als die analogen Thermometer, sie zeigen die Temperatur auch schneller an.
Foto: bede-Verlag

ter zeigen durch einen Ton das Ende der Messung an.

Eine leichte Überhitzung kann nach körperlicher Anstrengung oder durch Aufgeregtheit entstehen, messen Sie zur Sicherheit später ein zweites Mal. Sollte der Wert sich auch dann nicht normalisiert haben, gehen Sie zu Ihrem Tierarzt. Fieber ist ein alamierendes Zeichen für innere Entzündungen und Infektionskrankheiten. Eine deutliche Unterkühlung sollte Sie auf jeden Fall alarmieren, gehen Sie schnellstmöglich zum Tierarzt.

Das Kreislaufsystem und die Atmung

Bekanntlich zählen sowohl wir Menschen als auch die Hunde zu den Säugetieren. Wir besitzen beide ein geschlossenes Kreislaufsystem, dessen Zustand sich vereinfacht über die Ihnen allen bekannten Werte Pulsfrequenz und Blutdruck beschreiben lässt. Den Blutdruck zu bestimmen ist Sache des Tierarzts, die Pulsfrequenz können Sie selbst leicht feststellen. Pulsfrequenz und Herzschlag sind identische Werte, so dass Sie zur Bestimmung entweder direkt die Schläge des Herzens oder den Blutstoß in einer Arterie zählen können. Am besten fühlen Sie die Herzschläge direkt an der Brust, indem Sie Ihre Hand oder einzelne Finger auf den Brustkorb halten und solange fester drücken, bis Sie die Schläge deutlich fühlen können. Den Puls ertasten Sie am besten mit ein oder zwei Fingern an einer Oberschenkelarterie, die Sie an der Oberschenkelinnenseite finden. Beide Werte beziehen sich immer auf eine Messung über 60 Sekunden. Je

länger Sie mitzählen, desto genauer ist Ihr Wert. Für gewöhnlich zählen Sie den Herzschlag oder Puls über einen Zeitraum von 15 Sekunden und multiplizieren den Wert dann entsprechend mit vier, um auf 60 Sekunden zu kommen. Normale Ruhewerte für Leonberger liegen bei etwa 80 bis 100 Schlägen. Sollten die von Ihnen gemessenen Werte deutlich abweichen, wiederholen Sie die Messung und vergewissern sich, dass Ihr Hund sich wirklich in einem Ruhezustand befindet. Ein erhöter Pulsschlag ist normal bei Aufregung oder auch nach körperlicher Anstrengung. Bei zu niedrigem Puls sollten Sie lieber zu einem Tierarzt gehen und Ihren Hund genauer untersuchen lassen.

Die Atemfrequenz Ihres Leonbergers können Sie sehr einfach an den Bewegungen des Brustkorbs erkennen. Immer wenn Ihr Hund einatmet wird der Brustkorp größer und verkleinert sich beim Ausatmen. Die Atemfrequenz liegt bei Ihrem Hund bei etwa 10 bis 20 Atemzügen und wird wieder auf 60 Sekunden gerechnet, wobei Sie aufgrund der geringen Anzahl der Atemzüge besser eine ganze Minute mitzählen sollten. Auch hier ist die Ruhefrequenz zu bestimmen. Liegt der ermittelte Wert über den Angaben, schließen Sie eine Erregung oder vorherige Anstrengung des Hundes aus, ebenso kann nach einer Ruhephase die Atmung etwas langsamer sein. Stellen Sie sicher, dass Ihr Hund frei atmet und ihm keine Verengung der Luftröhre oder Bronchien zu schaffen macht. Sollte sich eine Abweichung nicht geben, suchen Sie den Tierarzt auf.

Die Durchblutung

Das dichte Fell der Leonberger macht es unmöglich, äußerlich einen Eindruck von der Durchblutung zu bekommen. Das Zahnfleisch der Leonberger ist in der Regel schwarz, so können Sie die Durchblutung hier leider auch nicht klar erkennen. Ein Blick auf die Augenlider hilft Ihnen weiter. Sie sollten rosig und keinesfalls blass wirken. Blasse Lider sind ein sicheres Zeichen für eine Anämie (Blutarmut), die auf den unterschiedlichsten Ursachen basieren kann. Es handelt es sich hier um ein sehr ernstes Krankheitszeichen und es ist mehr als wahrscheinlich, dass Ihr Hund schon früher erste Anzeichen einer Erkrankung zeigt. Ein Tierarztbesuch ist nun unbedingt erforderlich.

Das Fell

Das Fell Ihres Leonbergers muss glänzen und darf nicht stumpf, struppig oder filzig wirken. Ein gewisser Haarverlust gerade der Unterwolle ist normal, sollte aber keinesfalls zu kahlen oder sehr lichten Stellen führen. Ursachen für starken Haarausfall sind in aller Regel Stoffwechselprobleme mit oftmals ernstem Hintergrund.

Die Augen

Die Augen Ihres Leonbergers müssen klar sein und dürfen keine Anzeichen einer Trübung zeigen. Ein ständiger Tränenfluss ist ein Anzeichen für eine Verletzung oder Reizung des Auges. Eine etwas stärkere Verkrustung um die Augen ist kurz nach dem Schlafen nor-

Einem gesunden Leonberger macht die Kälte nichts aus. Sein dichtes Fell hält ihn auch bei tiefen Temperaturen warm.

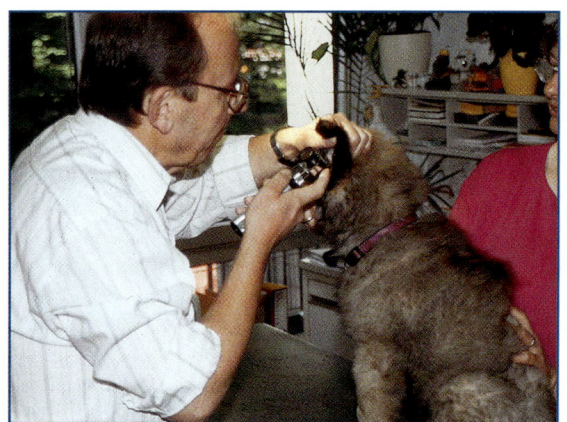

Die Ohren

Zu Problemen an den Ohren und vor allem in den Gehörgängen neigen vor allem Hunde mit einer dichten Behaarung des Ohrs und hängenden Ohren, wie sie die Leonberger besitzen. Hier ist die Durchlüftung des Gehörgangs nur schwach und es bildet sich schnell ein feuchtes, warmes Mikroklima, in dem sich Bakterien und vor allem Milben wohl fühlen.

mal, darf aber nicht ständig auftreten. Das ständige Kratzen an den Augen ist das erste Anzeichen einer Störung. Auch wenn Hundeaugen auf den ersten Blick das Weiße im Auge verbergen, achten Sie darauf, dass der Augapfel keine Rötungen und geplatzte Äderchen zeigt. Solche Veränderungen zeigen Ihnen Augenprobleme an.

Leonberger können in seltenen Fällen Lid-Fehlstellungen zeigen, auf die noch eingegangen wird. Meist sind nur die Unterlider betroffen und rollen sich nach innen (Entropium), die Wimpern reiben über die Hornhaut und reizen diese. Es kommt zu Entzündungen. Noch seltener ist ein Ektropium, hier rollen sich die Lider nach außen und die Bindehaut wird sichtbar. Als Folge entzündet sich diese leicht und es kann zu einer chronischen Bindehautentzündung (Konjunktivitis) kommen.

Die letztendliche Diagnose und Behandlung muss auf jeden Fall der Tierarzt in die Hand nehmen.

Sie sollten aber die Behaarung des Ohrs am Eingang des Gehörgangs nicht auszupfen oder schneiden, um der Besiedlung durch Mikroorganismen zuvorzukommen, denn die Haare sitzen recht fest und geschnittene Haare fallen leicht in den Gehörgang und verursachen dort weitere Probleme. Anzeichen für Probleme an den Ohren sind ein ständiger, starker Juckreiz und eine übermäßige Ohrschmalzproduktion.

Ein Tierarztbesuch kann meist schnell Abhilfe leisten und Ihren Hund vom lästigen Juckreiz befreien.

Die Zähne

Das Milchgebiss eines Leonbergers besteht aus 28 Zähnen. Dabei weisen Ober- und Unterkiefer jeweils sechs Schneidezähne, zwei Fangzähne und sechs vordere Backenzähne auf, die alle dem späteren Gebiss weichen.

Das permante Gebiss besteht dann aus insgesamt 42 Zähnen, davon sechs Schneidezähnen (Incisivus), zwei Fangzähnen (Caninus), acht vorderen (Prä-

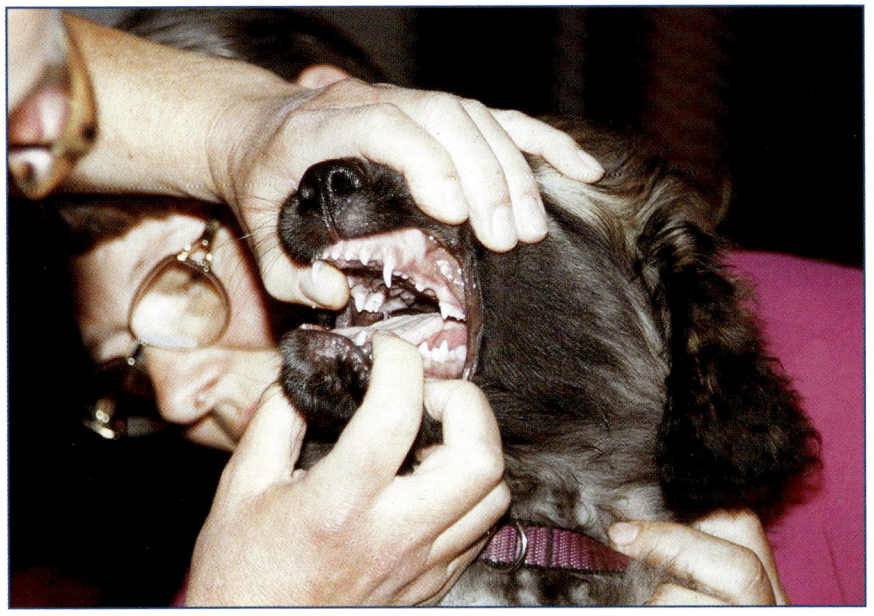

Die Zähne eines Welpen sind viel kleiner und spitzer als die Zähne erwachsener Leonberger. Schon beim Welpen ist eine Gebisskontrolle sinnvoll.
Foto: bede-Verlag

molaren) und vier hinteren (Molaren) Backenzähnen in Ober- und Unterkiefer. Das Hauptproblem der Mundhygiene bei vielen Hunden ist Zahnsteinbildung, die zu Zahnfleischentzündungen, Zahnfleischschwund und Geschwüren führen kann.

Die Verdauung und Nahrungsaufnahme

Kontrollieren Sie den Stuhl Ihres Hundes auf Veränderungen. Normal ist der Stuhl nicht zu fest, keinesfalls flüssig, nicht zu stark riechend und von meist dunklerer Farbe. Sollte der Stuhl Ihres Leonbergers in seiner Konsistenz sehr variieren, über längere Zeit besonders flüssig, fest oder übel riechend sein, vielleicht sogar ausbleiben, liegen Verdauungsstörungen vor, die bestenfalls auf eine kürzlich erfolgte Futterumstellung zurückzuführen sind, meist aber die sichtbare Folge einer Darminfektion oder Darmverschlingung darstellen. Ebenso kann ein verändertes Fress- und Trinkverhalten auf Stoffwechsel- oder Darmprobleme hinweisen, wenn Ihr Hund beispielsweise deutlich mehr oder weniger trinkt oder auch mehr oder weniger frisst als gewöhnlich. Auch deutet eine schnelle Gewichtszu- oder -abnahme auf ernste Gesundheitsprobleme hin. Gehen Sie unbedingt zu einem Tierarzt, der eine genaue Diagnose stellen kann.

Der Bewegungsapparat

Achten Sie sehr genau auf die Bewegungen Ihres Leonbergers. Nicht erst ein Humpeln oder Lahmen zeigt Ihnen Probleme an den Gelenken an. Viel früher

Denken Sie dran!

Bei allen Veränderungen, die Sie sich nicht erklären können, besuchen Sie Ihren Tierarzt. Experimentieren Sie nicht herum oder spielen erste Warnzeichen herunter. Viele Krankheiten sind in ihrem Frühstadium heilbar, später jedoch lebensbedrohlich. Nebenbei sind erste Symptome meist wesentlich kostengünstiger behandelbar.

schon können Sie bemerken, dass Ihr Hund bestimmte Bewegungen vermeidet, weil sie ihm weh tun. Oftmals können hier Gelenkentzündungen unterschiedlichster Natur vorliegen. Gerade Hüftprobleme sind ein Leiden der großen Hunderassen und nur eine Röntgenuntersuchung kann Ihnen hier die letzte Gewissheit geben. Wenden Sie sich bitte an Ihren Tierarzt.

Beobachten Sie das Verhalten Ihres Hundes

Wenn Sie Ihren Hund einige Zeit besitzen, kennen Sie ihn und bemerken Veränderungen in seinem Verhalten sehr schnell. Solche Veränderungen können auf den Lauf der Zeit und sein Älterwerden zurückgeführt werden, wenn er sich beispielsweise mit zunehmenden Alter weniger bewegen will oder etwas dicker wird. Kurzfristige Verhaltens- und Wesensänderungen deuten jedoch auf eine innere Ursache hin, eine Krankheit. Auch unseren Mitmenschen merken wir ein Unwohlsein meist schnell am veränderten Verhalten an, ohne sie länger untersuchen zu müssen. Sobald Sie den

Verdacht haben, mit Ihrem Leonberger könnte etwas nicht stimmen, suchen Sie nach weiteren Krankheitssymptomen und gehen Sie im Zweifelsfall mit Ihrem Leonberger zum Tierarzt.

Es gibt noch viele weitere Faktoren, die auf eine Erkrankung hindeuten. Wichtig für Sie und Ihren Hund ist, dass Sie sein normales Verhalten kennen und Veränderungen zu deuten wissen. Im Folgenden werden die Krankheiten ausführlicher beschrieben, die im allgemeinen bei Leonbergern häufiger auftreten, oder in einigen Zuchtlinien Probleme bereiten. Alle hier aufgeführten Erkrankungen sind nicht auf Parasiten, Bakterien oder Viren zurückzuführen, über die im Kapitel „Infektionen und Parasitosen" berichtet wird, sondern stellen organische Veränderungen dar, für die bei der Rasse eine genetische Disposition vorliegt, oder die bei Leonbergern allgemein gehäuft auftreten. Die letztliche Diagnose darf in jedem Fall nur der Tierarzt stellen, der Ihrem Hund dann auch die geeigneten Medikamente verschreibt. Sehen Sie dieses Kapitel also zur Vordiagnose, nicht als Ersatz für den Tierarztbesuch.

Hüftgelenksdysplasie (HD)

Die Hüftgelenksdysplasie ist eine Fehlentwicklung der Hüftgelenke, sie wird gebräuchlicher Weise kurz HD abgekürzt. Unter den Dysplasien ist sie die häufigste Form, gefolgt von der Ellbogendysplasie. Besonders betroffen von den Folgen der HD sind die großen, schweren Hunderassen, zu denen Leonberger auf jeden Fall zu zählen sind.

Bei der HD entwickeln sich Hüftpfanne und Oberschenkelkugel nicht passend zueinander, sie umschließen sich nicht und haben Spiel, was zu einer verstärkten Reibung und somit Abnutzung im Gelenk führt. Gerade bei einer beginnenden Arthrose führt dies zu starken Schmerzen. Dabei sind die Fehlstellungen unterschiedlicher Natur, entweder ist die Pfanne zu flach, die Kugel zu klein oder nicht rund. Je nach Stärke der HD wird diese in Deutschland in vier verschiedene Stufen eingeteilt. Dabei bedeutet HD null frei von HD, HD I ist HD verdächtig und geht weiter bis HD III/IV für schwere HD. Diese Bezeichnung ist leider noch nicht international einheitlich, weshalb Sie unbedingt die regionalen Unterschiede berücksichtigen müssen.

Dysplasien allgemein sind Entwicklungsbeziehungsweise Wachstumsstörungen. Auch wenn die HD eindeutig genetisch fixiert ist und somit vererbt wird, kann ihrer Entwicklung entgegengewirkt werden. In der Zucht bedeutet dies, möglichst nur mit HD freien Hunden zu züchten, in der Hundeaufzucht bedeutet es, verstärkt auf die Ernährung und die Beanspruchung der heranwachsenden Leonberger zu achten.

Die Folgen einer HD zeigen sich meist durch Bewegungsvermeidung, -unlust und Lahmheiten der Hinterbeine, zunächst natürlich nur minimal, doch können Sie mitunter Beeinträchtigungen schon im fünften bis sechsten Lebensmonat feststellen. Eine genaue Untersuchung durch Röntgen ist erst beim ausgewachsenen Hund mit zwölf bis achtzehn Monaten sinnvoll. Meist zeigen sich die Symptome der HD erst in einem Alter von zwei Jahren, einem Zeitpunkt, wo jede Beeinflussung der Entwicklung zu spät kommt und nur noch die Symptome behandelt werden können. Deshalb ist es besonders wichtig, von Anfang an eine gesunde Welpenkost zu verfüttern. Meiden Sie unbedingt Futter mit einem hohen Protein- und Kalorienge-

Werden Leckereien verteilt, steht sogar ein Leonberger, den sonst kaum etwas aus der Ruhe bringt, aufgeregt vor seinem Gönner.

halt. Solche Hochleistungsnahrung führt zu einem unnatürlich schnellen Wachstum, das Wachstumsdefiziten gerade bei den großen Rassen die Türen öffnet. Experimente mit verschiedenen Fettsäuren zeigen sehr positive Effekte auf die Entwicklung einer HD, fragen Sie Ihren Tierarzt nach den derzeit aktuellen Mitteln. Entwickelt sich bei Ihrem ausgewachsenen Leonberger trotz aller Vorsorge eine schwerere HD, so ist dies dennoch kein Grund zur Besorgnis. Das endgültige Krankheitsbild ist sehr vielseitig und die Schwere der Erkrankung hängt nicht zwingend mit dem Grad der HD zusammen. Es gibt Hunde mit leichten

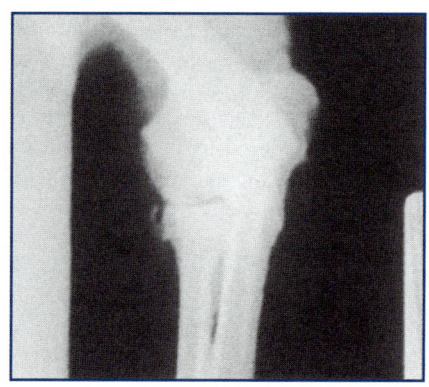

HD Graden, bei denen eine Operation die einzige Möglichkeit darstellt, das Leiden zu lindern und es gibt Hunde mit schweren HD Graden, bei denen jede Symptomatik fehlt. Hier zeigt sich, dass die eigentlichen Folgeschäden und nicht der HD Grad an sich zu den Problemen führt. Natürlich prädistiniert eine hochgradige HD zu einem stärkeren und schnelleren Gelenkverschleiß, aber ein sorgfältiger Umgang mit der Erkrankung kann dem entgegenwirken. Neben der Umstellung der Ernährung und einem absoluten Vermeiden von Übergewicht schon beim heranwachsenden Leonberger achten Sie unbedingt darauf, was Sie Ihrem Hund an Aktivitäten zutrauen dürfen. Im Alter bis zu zwölf Monaten müssen Sie jede Art von Gewaltmärschen oder belastenden sportlichen Aktivitäten unterbinden.

Leidet Ihr Hund unter den Folgen der HD, so gibt es verschiedene medizinische Möglichkeiten der Behandlung, von einer medikamentösen Schmerzbehandlung bis zu einem chirurgischen Eingriff. Die jeweils sinnvollste Maßnahme entscheiden Sie zusammen mit Ihrem Tierarzt.

Ellbogendysplasie (ED)

Die Ellbogendysplasie, kurz ED genannt, ist eine genetisch fixierte Entwicklungsstörung des Ellbogengelenks. Das Ergebnis ist ein instabiles Ellbogengelenk, geschädigt durch eine degenerierte Elle. Es kommt zu einem stufenartigen Gelenk, da Elle und Speiche nicht die gleiche Länge besitzen. Betroffen sind allgemein größere Hunderassen. Leonberger zeigen aufgrund einer sehr durch-

dachten Zuchtauswahl eine erstaunlich geringe Belastung mit ED. Dennoch soll dieses Leiden hier nicht unerwähnt bleiben, da es vereinzelt auftreten kann.

Erste Anzeichen für eine ED sind plötzliche Lahmheit und Bewegungsvermeidung der Vorderbeine, die sich durch vermehrte Belastung verschlimmert. Diese Anzeichen können sich bei betroffenen Welpen schon im Alter von nur sechs Monaten oder gar früher zeigen. Eine eindeutige Diagnose kann erst nach abgeschlossenem Wachstum im Alter von etwa zwölf bis achtzehn Monaten erfolgen. Sollte eine Osteochondrose, Knorpelabsplitterung, festgestellt werden, so ist ein operativer Eingriff vor dem Eintreten körperlicher Beeinträchtigung sinnvoll. Gerade bei einem Absplittern vorstehender Knochenteile der Elle ist eine Operation unumgänglich, um die störenden Splitter zu entfernen. Letztlich muss abgewogen werden, welche Behandlung Ihrem Hund am besten hilft. Neben verschiedenen neueren Behandlungsmethoden werden die betroffenen Gelenke vieler Hunde immer noch ruhig gestellt oder die Schmerzen und Entzündungen mit Tabletten behandelt. Welche Behandlungsweise für Ihren Hund die beste ist, können Sie letztendlich nur zusammen mit Ihrem Tierarzt herausfinden, denn jeder Hund spricht unterschiedlich auf die Mittel an und jede ED ist genau wie jede HD von Fall zu Fall sehr unterschiedlich in ihrer letztlichen Auswirkug.

Für die ED Vorsorge gilt das Gleiche wie für die HD. Eine gesunde Welpenkost mit einem Proteinanteil unter 22% ist genauso wichtig, wie eine nur mäßige Beanspruchung der Gelenke, wobei Gewalt- und Dauermärsche auf jeden Fall vermieden werden müssen.

Osteochondrose (OCD)

Bei der Osteochondrose handelt es sich um eine Knorpel-Erkrankung, bei der sich der Knorpel an den Gelenken nicht richtig mit dem Knochen verbindet. Es sind vor allem große Rassen betroffen, leider auch Leonberger.

Bei der Osteochondrose lösen sich Knorpelzellen vom Gelenkknochen, die sich im Gelenk vergrößern und so zu schmerzhaften Problemen durch Entzündungen bei jeder Bewegung sorgen. Die Osteochondrose trifft junge Hunde, bei denen die Skelettentwicklung noch nicht abgeschlossen ist und somit dieses fehlerhafte Wachstum noch möglich ist.

Die Ursachen der Osteochondrose sind unterschiedlich und reichen von Verletzungen bis zu genetisch fixierten Vorschädigungen und Ernährungsdefiziten. Die labilen Knorpelbereiche sind besonders anfällig für Verletzungen und Sie sollten Ihren Hund, wenn er diese Krankheit hat, nicht zu wild herumtoben lassen.

Erste Symptome können schon in einem Alter von nur sieben Monaten auftreten. Die Welpen beginnen plötzlich zu lahmen und bewegen sich aufgrund der Schmerzen gehemmt. Typischerweise werden das Ellbogen-, Schulter-, Knie- und Sprunggelenk befallen, eine Erkrankung der Hinterläufe heilt oftmals spontan von selbst aus.

Die Behandlung ist möglich, die Art und Weise wird jedoch kontrovers diskutiert. Klassisch ist das Stilllegen der entzündeten Gelenke und die Gabe von schmerzstillenden Mitteln, was auf Dauer die Entzündung beseitigt, jedoch das eigentliche Problem der fehlgewachsenen Knorpel nicht beseitigt. Im Frühstadium der Erkrankung ist eine Operation vielversprechend und die Hunde leben hernach beschwerdefrei. Die Antwort, welche Behandlung die bessere ist, kann ich nicht allgemein geben, da verschiedene Hunde unterschiedlich gut auf die jeweilige Maßnahme reagieren. So profitieren die einen von einer medikamentösen Behandlung, während anderen nur durch eine Operation geholfen werden kann.

Die eindeutige Diagnose kann bei der Osteochondrose nur durch eine Röntgenaufnahme gestellt werden. Sollte sich bei Ihrem Hund der Verdacht bestätigen, empfiehlt sich eine Aufnahme aller gefährdeten Gelenke, um so präventiv aktiv werden zu können.

Epilepsie

Epilepsien sind Störungen des zentralen Nervensystems. Sie können durch verschiedenste Ursachen ausgelöst werden, so zum Beispiel durch organische Schäden, Schäden am Gehirn oder auch Stoffwechselkrankheiten und Vergiftungen. Viele Hunderassen, so auch Leonberger, haben mit diesem Problem zu kämpfen, auch wenn hier nicht von einer wirklichen Häufung bei Leonbergern gesprochen werden kann.

Denken Sie dran!

Jeder Hund kann erkranken. Die Behandlungen können im Zweifelsfall teuer und langwierig werden. Sie erfordern nicht nur Opfer von Ihrem Hund, sondern auch von Ihnen. Bevor Sie sich einen Hund anschaffen, sollten Sie sich diese Seite der Hundehaltung bewusst machen und bereit sein, die Verantwortung zu übernehmen.

Das Krankheitsbild ähnelt dem des Menschen, wobei die Anfälle bei Leonbergern teils sehr schwer verlaufen können, aber auch so schwach, dass sie vom Halter nicht bemerkt werden. Es gibt Fälle, in denen der einzelne Anfall vielleicht nicht sehr intensiv ist, dafür aber mehrere Anfälle pro Tag durchlebt werden müssen. Die Behandlung richtet sich hierbei sehr nach der Ursache, die es unbedingt zu ergründen gilt. Oftmals ist jedoch kein direkter Schaden des Gehirns oder durch einen Stoffwechselfehler feststellbar und so lautet die Diagnose idiopathische, also angeborene Epilepsie. Besorgniserregend ist sicher jeder Anfall, ein größeres Leiden ist jedoch erst dann anzunehmen, wenn die Anfälle regelmäßig und in stärkerer Form auftreten.

Der Verlauf eines Anfalls kann dabei grob in drei Phasen unterteilt werden.

In der ersten Phase, dem nahenden Anfall, zeigt sich Ihr Hund unruhig, ängstlich und zeigt ein allgemein verändertes, auffälliges Verhalten. Die Dauer dieser Phase ist von Hund zu Hund und Anfall zu Anfall sehr unterschiedlich und lässt sich nicht generell einschränken. Manchmal findet sich vor einem Anfall auch kein sichtbares Anzeichen für das Nahen. Nun folgt der eigentliche Anfall, der von seiner Dauer und Intensität sehr unterschiedlich ausfallen kann. Manchmal bemerken Sie vielleicht kaum etwas, Ihr Leonberger bleibt nur kurz verkrampft stehen oder zittert leicht, in anderen Fällen kann der Anfall aber auch wesentlich vehementer ablaufen. Schlimmstenfalls dauert ein Anfall einige Minuten und ist begleitet von schweren Krämpfen in den Gliedmaßen, dem Maul und dem gesamten übrigen Körper. Es kann zu Bewusstseinverlusten kommen, die nur kurz, in Etappen oder den gesamten Anfall hindurch anhalten. Es folgen hierauf mitunter starke Bewegungen der Extremitäten, Ihr Hund verliert die Kontrolle über seinen Darm und seine Blase, er sabbert stark und beruhigt sich nur langsam wieder.

Nun schließt sich die letzte Phase an, auch als Post-Iktus bezeichnet. Es ist die

Leonberger sind eine gesunde Rasse. Die meisten hier erwähnten Krankheiten sind zwar typische Probleme der Rasse, aber dennoch selten. Sie vermindern das Risiko, einen kranken Leonberger zu erwerben enorm, wenn Sie Ihren Hund bei einem VDH-Züchter erwerben, der strengen Auflagen bei der Zucht unterliegt.

Erholungsphase nach dem Anfall, deren Länge und Intensität sich von nur einigen Sekunden über Minuten und Stunden bis zu einigen Tagen ausdehnen kann.

Die Behandlung der Epilepsie erfolgt medikamentös und erfordert sowohl ein gutes Zusammenspiel mit Ihrem Tierarzt, als auch eine gewisse Ausdauer. Genauso vielfältig wie die Ursachen für die Epilepsie sein können, so unterschiedlich sind auch die Behandlungsmöglichkeiten und nicht jeder Leonberger spricht auf die gleiche Behandlung mit dem gleichen Erfolg an. Gerade die richtige Dosierung des geeigneten Medikaments ist oft nur durch Versuch und Fehlversuch möglich. Ist jedoch das richtige Präparat in richtiger Dosierung gefunden, so besteht auch in schwereren Fällen die Aufsicht auf ein anfallfreies Leben.

Narkolepsie

Die Narkolepsie ist ein genetisch fixiertes Problem und zeigt in ihrer Symptomatik spontan auftretende Schlafanfälle. Von ihrem Auftreten und Erscheinugsbild her scheint die Narkolepsie eine Anfallserkrankung zu sein, die eng mit der Epilepsie verbunden ist. Eine besondere Häufung der Schlafanfälle lässt sich nach den Mahlzeiten und bei besonderer Aufregung feststellen. Erste Symptome zeigen junge Hunde schon im Alter von zwanzig Wochen. Es besteht die Möglichkeit einer Medikamentenbehandlung, die im Einzelfall gut anschlägt, jedoch darf nicht vergessen werden, dass genetisch belastete Hunde von der weiteren Zucht ausgeschlossen werden

müssen, um einer Verbreitung vorzubeugen.

Lid-Fehlstellungen (Ektropium und Entropium)

Das Ektropium ist eine angeborene Fehlstellung des unteren Augenlids, die bei Leonbergern zwar selten, aber durchaus auftreten kann. Hierbei wird das untere Augenlid durch die Schwere der Lefzen und gleichzeitige Schwäche des Bindegewebes nach unten gezogen und gleichzeitig die Bindehaut nach außen gerollt. Die Augen zeigen sich, da die nun sichtbare Bindehaut stark durchblutet ist, blutunterlaufen, der typische, treue „Bernhardinerblick" entsteht. Das Ektropium an sich bereitet den betroffenen Hunden keine Probleme, jedoch bietet die nach außen gerollte, feuchte Bindehaut einen idealen Sammel- und Angriffsplatz für Bakterien, was in der Folge fast zwingend zu einer Konjunktivitis (Bindehautentzündung) führt.

Eine chirurgische Beseitigung des Ektropiums ist gut möglich und sollte auf jeden Fall angestrebt werden. Ihr Tierarzt kann je nach Schwere und Problemen zu der geeignetsten Operationsmethode raten.

Gelegentlich tritt bei Leonbergern das Entropium auf. Hier ist wiederum zumeist das untere Lid betroffen, das sich nach innen rollt. Da nun die nach innen stehenden Wimpern bei jeder Lidbewegung die Hornhaut reizen, kommt es zu dauerhaften Reizzuständen, die Sie vor allem aufgrund steigender Lichtscheue und einem krankhaften Lidverschluss bemerken. Zusätzlich treten durch die ständige Reizung Entzündungen auf, die den betroffenen Hunden weitere Schmerzen bereiten. Sie beginnen sich verstärkt zu kratzen, was einer Abheilung entgegenwirkt. Das Entropium kann angeboren oder erworben sein. Die Behandlung kann konservativ erfolgen und richtet sich gegen die auftretenden Reizzustände und Entzündungen, allgemein wird das Entropium jedoch operativ durch die chirurgische Raffung der Lidhaut beseitigt.

Grauer Star (Katarakt)

Unter dem Begriff „Grauer Star" werden alle Erkrankungen zusammengefasst, die in ihrer letztlichen Symptomatik eine rauchige oder milchige Trübung der Augenlinse in unterschiedlich starkem Ausmaß zeigen. Bei Leonbergern ist dieses Krankheitsbild vor allem in der angeborenen Form (Cataracta congenita) bekannt. Sie wird glücklicher Weise nur rezessiv vererbt und sollte bei guter Zuchtauswahl in den Griff zu bekommen sein.

Die angeborene Katarakt muss nicht immer auf eine genetische Ursache zurückgeführt werden, sie kann auch Folge frühembryonaler Schädigungen der Linse sein. Der Krankheitsverlauf ist bei verschiedenen Hunden sehr unterschiedlich und kann sich gleich nach der Geburt und Öffnen der Augen oder erst nach einem Zeitraum von Monaten oder Jahren zeigen. Mal tritt die Trübung der Linse in beiden Augen gleichstark auf, mal ist der Fortschritt der Krankheit sehr unterschiedlich.

Die erworbene Katarakt (Cataracta acquisita) kann weiter unterteilt werden. Sehr bekannt bei Hunden allgemein ist der Altersstar (Cataracta senilis), der etwa ab einem Alter von sieben Jahren auftritt und in seinem Fortschreiten sehr unterschiedlich schnell ist.

Ein Problem, das bei den meisten älteren Hunden auftritt, ist der Altersstar. Hierbei verfärbt sich die Linse milchig und kann das Sehvermögen stark einschränken. Inwieweit eine Operation sinnvoll ist, besprechen Sie am besten mit Ihrem Tierarzt.

Als Begleiterscheinung erblicher Retina-erkrankungen kann die Cataracta consecutiva auftreten, was eine ebenfalls erbliche Grundlage vermuten lässt, die bis heute aber noch nicht eindeutig nachgewiesen wurde.

Der Graue Star kann auch Folge von Gewalteinwirkung auf die Linse sein, hier sprechen wir von einer Cataracta traumatica.

Der Graue Star, egal welcher Form, führt immer zu einer Veränderung des Linsengewebes, es trocknet aus oder trübende Produkte werden eingelagert. Obwohl der Graue Star meist nicht zu einer völligen Erblindung führt, ist die Beeinträchtigung des Sehvermögens gerade im fortgeschrittenen Stadium und bei beidseitigem Befall sehr stark. Die Diagnosestellung ist relativ einfach zu stellen, denn die Symptomatik der Linsentrübung ist auch ohne großen Apparateeinsatz leicht feststellbar.

Die Behandlungsmöglichkeiten beim Grauen Star beschränken sich leider auf einen operativen Eingriff, denn die getrübte Linse kann medikamentös nicht wieder hergestellt werden. Umso wichtiger ist es abzuwägen, wann eine Staropration Sinn macht. Zunächst sollten Sie sicher gehen, dass die Retina des geschädigten Auges voll funktionsfähig ist, denn ansonsten wäre jede Staroperation sinnlos. Ein einseitiger Grauer Star muss nicht operiert werden, Ihr Hund ist bestens in der Lage, auf die volle Sehkraft des einen Auges zu verzichten. Sind beide Augen stark geschädigt und ist Ihr Hund noch noch nicht sehr alt, sollten Sie sich zu einer Operation zumindest eines Auges entsch-

ließen. Hierbei können mittlerweile auch künstliche Linsen in das Auge eingesetzt werden, die Ihrem Leonberger beinahe zu alter Sehleistung verhelfen. Bei älteren Leonbergern, die schon einen eingeschränkteren Bewegungsdrang und Aktionisradius besitzen, kann die Beeinträchtigung des Augenlichts gut durch die anderen Sinnesleistungen ersetzt werden. Hier sollten Sie die Belastungen des Hundes durch eine Operation und den damit verbundenen Risiken stärker einschätzen, als den Vorteil des verbesserten Sehvermögens.

Schilddrüsenunterfunktion

Die Unterfunktion (Hypothyreose) ist die häufigste Erkrankung der nur zwei bis drei Zentimeter großen Schilddrüse und die häufigste Drüsenerkrankung bei Leonbergern allgemein. Dies soll nicht heißen, dass Leonberger häufig an Schilddrüsenerkrankungen leiden, sie stellt nur insgesamt bei Hunden ein häufiges Leiden dar und soll deshalb auch hier nicht unerwähnt bleiben.

Die Schilddrüsenunterfunktion kann angeboren oder erworben sein. Typischer Weise tritt sie erst ab einem Alter von zwölf Monaten ein und resultiert in einer Unterproduktion der Schilddrüsenhormone, vor allem des Stoffwechselhormons Thyroxin. Je nachdem in welchem Lebensabschnitt die Unterfunktion auftritt sind die Symptome und Folgen für Ihren Hund sehr unterschiedlich.

Welpen mit angeborener Schilddrüsenunterfunktion sind oft nicht lebensfähig, werden tot oder mit einem Kropf geboren und sterben meist kurz nach der Geburt. Tritt die Unterfunktion in der

Wachstumsphase Ihres Leonbergers auf, so zeigt sich ein auffällig verlangsamtes Wachstum, bei dem oftmals die Körperproportionen nicht mehr übereinstimmen. Am auffälligsten ist hierbei die Verkürzung der Extremitäten und der Wirbelsäule. Eine Hypothyreose beim erwachsenen Hund zeigt sich an vielfältigen Symptomen, die in unterschiedlichen Konstellationen auftreten können. Da zu wenig des Stoffwechselhormons gebildet wird, ist dieser verlangsamt und auch Ihr Hund wirkt unlustig und träge. Oft fallen den betroffenen Hunden die Haare büschelweise, manchmal symetrisch zunächst auf dem Nasenrücken und an der Kruppe aus. Sie beginnen bei gleicher Ernährung zuzunehmen, da sich Wasser im Gewebe einlagert.

Bei den genannten Symptomen sollten Sie schnell einen Test beim Tierarzt machen lassen, denn eine Behandlung ist einfach durch das Zufüttern des fehlenden Hormons in ausreichender Menge möglich. So können Sie sowohl Wachstumsstörungen entgegenwirken, als auch Ihrem Hund ein völlig normales Leben ermöglichen.

Magendrehung, Aufgeblähtheit

Eine Magendrehung ist keine seltene und zudem noch sehr gefährliche Erkrankung. Sie kann prinzipiell jeden Hund treffen, doch sind die großen Rassen gefährdeter als die kleinen und es trifft eher ältere Hunde ab sechs Jahren als jüngere. Leonberger gehören zu den besonders stark gefährdeten Rassen. Die Symptomatik ist glücklicher Weise recht spezifisch und Sie können eine Notfallsituation schnell selbst erkennen. Ihr Hund zeigt zunächst vorsichtige Versuche, sich zu erbrechen, ohne dass dabei wirklich große Mengen Flüssigkeit und Nahrung erbrochen werden können. Zum schnellsten Handeln sind Sie spätestens gezwungen, wenn Sie einen unnatürlich aufgetriebenen Vorderbauch bei Ihrem Hund beobachten, er unruhig ist und schnell und flach atmet. Es kann in der Folge zu Kreislaufversagen und Schock kommen. Schnellste ärztliche Hilfe ist notwendig, da besonders schwer erkrankte Hunde innerhalb einer Stunde durch den begleitenden Schock sterben können.

Das pathologische Krankheitsbild zeigt immer eine Magenüberdehnung durch Aufgeblähtheit, wobei der Magen selbst mehr oder weniger stark um die eigene Achse verdreht ist. Die Blähung hat ihre Ursache in einem unkontrollierten Luftschlucken des Hundes, und ist nicht die Folge von Verdauungsgasen, die nicht mehr entweichen können. Strittig ist noch, in wieweit die Magenverdrehung tatsächlich mit der Futteraufnahme zusammenhängt, ob sie sich erst durch schnelles, unkontrolliertes Fressen und damit verbundenes Schlucken von Luft entwickelt, oder ob sie bereits vor der Aufgeblähtheit existierte und sich durch diese erst noch verschlimmert. Wie dem auch sei, die Folge kann schnell der Tod Ihres Leonbergers sein. Durch die Drehung des Magens verschließen sich nicht nur der Mageneingang und -ausgang, sondern auch die die im Magen verlaufenden Blutgefässe, zusätzlich wird die Milz abgeklemmt.

Als Folge ist eine große Menge Blut in Magen und Milz eingeschlossen und es kann zu Kreislaufversagen und schockähnlichen Zuständen kommen. Ebenfalls werden große Bereiche des Magens nicht mehr ausreichend durchblutet und sterben ab.

Die Hilfe des Tierarzts ist eine sofortige Operation, in deren Verlauf zunächst die Luft durch Punktion abgelassen wird, anschließend wird der Magen „entdreht" und die abgestorbenen Teile entfernt und vernäht. Als Prophylaxe kann der Magen, meist in schweren Fällen oder wenn der Hund schon einmal eine Magenverdrehung hatte, mit wenigen Stichen an der rechten Bauchwand befestigt werden, um ein erneutes Verdrehen zu verhindern. Eine typische Folge selbst bei ansonsten glatt verlaufenden Operationen sind Herzrhythmusstörungen. Am besten lassen Sie Ihren Hund nach einer solchen Operation noch etwa drei bis vier Tage zur Beobachtung im Krankenhaus. Sollten weitere Komplikationen ausbleiben, sind die Chancen für Ihren Leonberger sehr gut, die Fixation des Magens hält im besten Fall mehrere Jahre.

Zur Vorsorge sollten Sie sich an die im Kapitel „Ernährung" gegebenen Futterregeln halten. Obwohl ein Zusammenhang zwischen den Fressgewohnheiten und der Magenverdrehung noch nicht eindeutig wissenschaftlich belegt wurde, deutet doch vieles darauf hin, dass hastiges Fressen, Luft schlucken und große Portionen eine Magendrehung begünstigen. Lassen Sie Ihrem Hund auch nach dem Fressen eine Stunde ruhen, bevor er wieder toben darf.

Im täglichen Hundeleben ist der Befall durch Parasiten eines der größten Gesundheitsrisiken. Die Schäden, die Parasiten wie Flöhe, Läuse oder Zecken als Ektoparasiten anrichten können, sind nicht zu unterschätzen. Zwar ist eine Zecke schnell entfernt oder auch ein Flohbefall schnell bekämpft, die Infektionskrankheiten, die diese Parasiten aber übertragen können oder denen sie durch ihre Verwundungen die Pforte öffnen, können zu ernsthaften Gesundheitsproblemen bei Ihrem Leonberger führen. Der sicherste und kostengünstigste Schutz ist auch hier die Vorsorge und Vermeidung von Gefahrensituationen, mit der sich dieses Kapitel beschäftigt. Auch erfahren Sie, wie Sie Ihrem Leonberger im Falle einer Infektion oder Bevölkerung durch Parasiten wirksam helfen können.

Flöhe

Anzeichen für einen Befall mit Flöhen ist ein ungewohnt starker Juckreiz. Die Einstichstellen der Flöhe sind beim Hund meist nicht erkennbar, aber die Flöhe selbst sind einige Millimeter groß und können von Ihnen auch mit dem bloßen Auge entdeckt werden. Als weiteres, typisches Merkmal sehen Sie den Kot der Flöhe - kleine, schwarze Kügelchen. Die Flöhe selbst halten sich bevorzugt an den wärmeren Körperstellen wie Schenkelinnenseiten, Ohren und Achseln auf. Der Flohbefall an sich ist für ihren Hund allenfalls lästig, jedoch bringen die Flohstiche einige sehr unangenehme Folgen mit sich. Manche Hunde reagieren alleine auf den Flohstich und den eingetragenen Speichel so allergisch, dass durch das ständige Kratzen offene Wunden entstehen, die Sekundärinfektionen verschiedenster Art die Tür öffnen. Bevorzugt wird natürlich der in der Umge-

Denken Sie dran!
Flöhe können Ihren Hund zur Verzweiflung bringen. Es gibt aber wirksame Gegenmittel, die sowohl gegen die Flöhe, als auch gegen ihre Eier wirken. Sprechen Sie die Anwendung genau mit Ihrem Tierarzt ab, da die Mittel, falsch dosiert, auch schädlich sein können.

bung der Wunde abgelegte Flohkot eingerieben. Erstes Ziel ist, die Flöhe selbst zu beseitigen. Eine Behandlung der Flohallergie in Form einer Desensibilisierung ist nicht möglich. Die Behandlung allergischer Hunde besteht zusätzlich zu den normalen Maßnahmen in einer Behandlung des auftretenden Juckreizes, meist durch cortisonhaltige Präparate. Der Floh selbst ist Überträger des Gurkenkernbandwurms.

Adulte Flöhe halten sich nur die kürzeste Zeit ihres Lebens wirklich auf einem Hund auf. Die Floheier, Larven und Puppen sind überhaupt nicht am Hund zu finden, sie leben hauptsächlich an den bevorzugten Aufenthaltsorten des Hunds und ernähren sich dort von Flohkotresten und Hautschuppen. Nur adulte, weibliche Flöhe brauchen zur Entwicklung Blut. Dies ist wichtig zu wissen,

Flöhe, Läuse und Zecken sind nervige Parasiten, die zudem eine Menge Krankheitserreger übertragen können. Dabei ist es ein Irrglaube, dass nur verwahrloste oder ungepflegte Hunde von Parasiten befallen werden. Eine Gefahr besteht überall dort, wo viele Hunde beieinander sind und die Parasiten sich schnell verbreiten können.

wollen Sie die Parasiten auf Dauer vertreiben. Die Bekämpfung muss sich immer auf den Hund und sein Umfeld beziehen. Leider ist der Floh im Notfall bei seinem Wirt nicht sehr wählerisch und kann auch auf den Menschen übertreten.

Die Behandlungsmethoden sind inzwischen sehr effektiv und geeignete Mittel bei Ihrem Tierarzt erhältlich. Am gebräuchlichsten sind Shampoos und Sprays für den Hund und verschiedene Pulver für die Bekämpfung an den Lagerstätten

und andere infizierte Gegenstände auszutauschen oder zumindest bei 95° C in der Waschmaschiene zu waschen.

Mittel zur Prophylaxe eines Flohbefalls sind erhältlich und bei richtiger Anwendung durchaus empfehlenswert. Sie erhalten neben Flohhalsbändern, die ständig eine bestimmte Insektizidmenge abgeben, Sprays oder Shampoos. Die vor einiger Zeit noch gebräuchlichen Puder haben sich nicht bewährt und werden heute auch kaum noch angeboten. Beachten Sie für diese unterschiedlichen Präparate bitte unbedingt die Wirkungsdauer und Anwendung. Viele Mittel, gerade Halsbänder, verlieren bei Nässe ihre Wirksamkeit, auch unterscheiden sich die Produkte stark in ihrer Wirkdauer. Das neueste Produkt auf dem Markt ist eine Anti-Floh-Tablette, die für eine Sterilität der saugenden Weibchen sorgt, diese selbst aber nicht tötet. Zusammen mit einer wirksamen Bekämpfung der Flöhe durch Bäder oder Sprays löst dieses einfach zu verabreichende Mittel das Flohproblem schnell und effektiv.

Läuse und Haarlinge

Sowohl der starke Befall mit Haarlingen, als auch der mit Läusen ist meist ein Zeichen schlechter Fellpflege. Die Hunde kratzen sich verstärkt und es kann zu offenen Stellen kommen, die Sekundärinfektionen begünstigen. Anders als Flöhe kleben diese Parasiten ihre Eier, Nissen genannt, in das Fell des Hundes. Die Behandlung erfolgt analog zur Flohbekämpfung mit verschiedenen Sprays und Shampoos. Auch hier sollten Sie die Ruhe- und Aufenthaltsorte Ihres Hunds

und Aufenthaltsorten Ihres Hundes. Die Mittel unterscheiden sich in ihrer Wirkung, da am Hund adulte Flöhe und an den Lagerstätten auch die Eier, Larven und Puppen vernichtet werden müssen. Empfehlenswert ist es, die Hundedecke

Entdecken Sie an Ihrem Hund eine Zecke, so ist es wichtig, daß Sie diese so schnell wie möglich entfernen. Am besten greifen Sie die Zecke mit einer speziellen Pinzette direkt hinter dem Kopf und ziehen sie heraus.
Hier schön zu sehen, dass die Zecke im Ganzen sauber entfernt werden konnte.
Fotos: bede-Verlag

mit desinfizieren. Richten Sie sich bei der Behandlung nach den Herstellerangaben und dem Rat Ihres Tierarzts. Prophylaktisch können Sie Ihren Hund mit Pudern behandeln, auch die meisten Flohhalsbänder schützen gleichzeitig vor Läusen und Haarlingen.

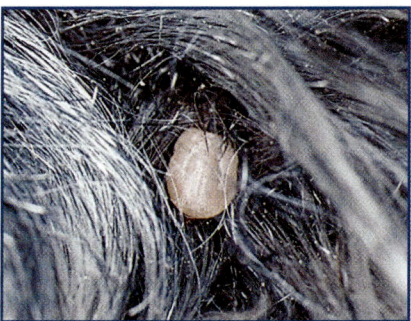

Zecken

Die in unseren Breiten häufigste Zeckenart ist der Holzbock. Dieses Spinnentier sitzt bevorzugt an lichten Stellen des Waldes im Unterholz bis zu 1,5 Metern über dem Boden. Mit seinem thermotaktilen Sinnesorganen nimmt der Holzbock seinen Wirt aufgrund seiner Körpertemperatur war und lässt sich auf diesen fallen. Neben dem Menschen sind dies auch Hunde. Hier bohrt sich die Larve, die Nymphe oder das erwachsene Weibchen in die Haut des Hunds ein und verankert sich mit dem gesamten Kopf im Wirtstier. Die Blutaufnahme kann sich ungestört über mehrere Tage erstrecken, bis das vollgesogene Tier von alleine wieder abfällt. Der Größenzuwachs der Zecke ist enorm. Von unscheinbaren, wenigen Millimetern wächst sie auf Erbsen- bis Saubohnengröße heran. Bis auf gelegentliche allergische Reaktionen ist der eigentliche Zeckenbiss ungefährlich, wenn nicht zu viele Zecken gleichzeitig am Hund saugen. Gefährlich wird die Zecke erst, wenn sie Überträgerin anderer Krankheiten ist. Am gefährlichsten ist hier die Lyme-Borreliose, ausgelöst durch das Bakterium Borrelia burdorferi, die virusbedingte FSME (Frühsommerhirnhautentzündung) und die durch im Blut parasitierende Einzeller ausgelöste Babesiose,

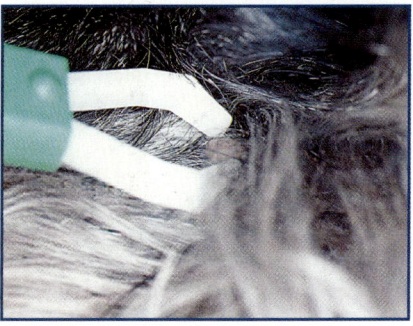

die allerdings eine aus dem südlichen Europa importierte und nur zur Urlaubszeit häufigere Erkrankung ist.
Durch Zecken übertragene Krankheiten können im günstigen Fall geheilt werden, wenn man sie früh erkennt.

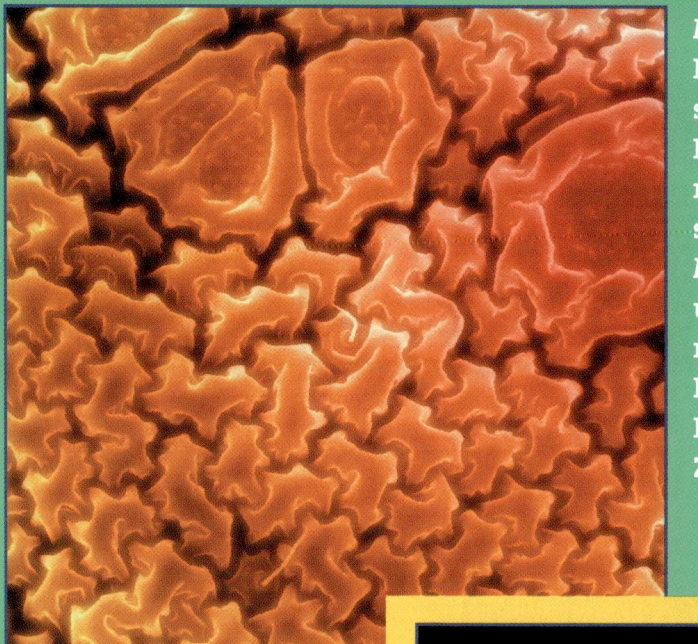

Mit ihren kräftigen Beißwerkzeugen, verbeißen sich Zecken so fest in der Haut eines Hundes, dass es mancher Tricks bedarf, um sie komplett zu entfernen. Machen Sie nicht den Fehler und versuchen Sie, die Zecke mit der Hand zu entfernen. Nehmen Sie eine geeignete Pinzette und drehen Sie die Zecke vorsichtig heraus.

Zecken sitzen in halbhohen Gräsern und Büschen und krabbeln von dort an den vorbeistreichenden Hund. Diese Quälgeister bohren sich mit ihrem ganzen Kopf in der Haut Ihres Hundes fest und saugen sich mit Blut voll. Wenn die Zecke „satt" ist, läßt sie sich mit ihrem jetzt vollen Bauch einfach wieder auf den Boden fallen.

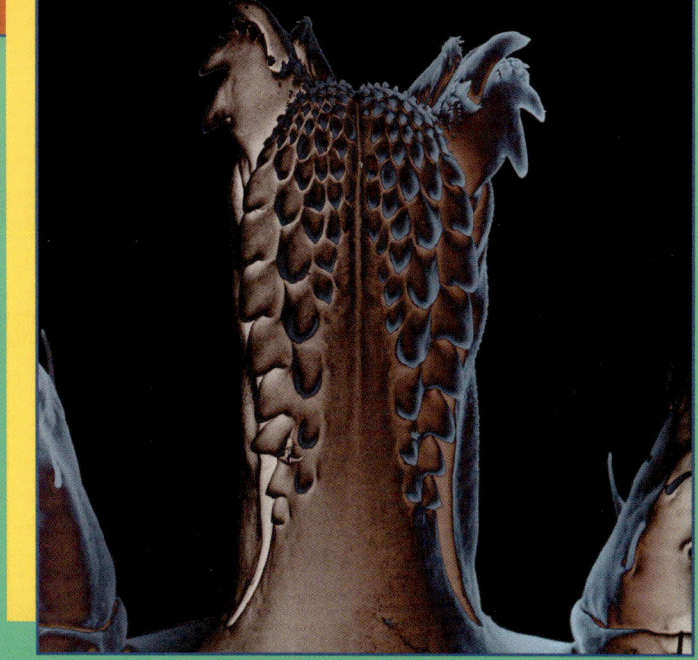

Die Babesiose zeigt sich im Frühstadium nach etwa anderthalb bis drei Wochen durch Temperaturanstieg, Abgeschlagenheit und Gewichtsverlust. Da der Parasit verschiedene Organe befallen kann, sind die weiteren Symptome unterschiedlich, jedoch zeigen sich meist Symptome einer Gelbsucht und ein durch Blut dunkel gefärbter Urin. Die Diagnose kann der Tierarzt schnell stellen und eine Behandlung ist erfolgversprechend, solange noch kein Organ dauerhaft geschädigt ist.

Die Lyme-Borreliose, an der auch der Mensch erkranken kann, zeigt bei Hunden den gleichen Krankheitsverlauf. Eine rote, knötchenartige Veränderung an der Bissstelle ist die Bestätigung, wenn Sie an Ihrem Hund schon die ersten Symptome feststellen: Fieber, Apathie und Appetitlosigkeit. Hinzu kommen allgemeine Muskel- und Gelenkschmerzen, der Hund ist träge, bewegt sich nicht gern und reagiert gereizt auf Berührungen, da diese schmerzen. Eine Behandlung mit Antibiotika ist erfolgversprechend. Da die Symptome nicht immer alle gleichzeitig auftreten, oder nur einige der Genannten, sollten Sie nach einem Zeckenbefall immer die Möglichkeit einer Borreliose in Betracht ziehen, sollte Ihr Hund vereinzelte Anzeichen für Lahmheit, etc. erkennen lassen.

Die FSME ist bei Hunden noch recht unerforscht und wahrscheinlich eher selten, umso dramatischer ist der fast immer tödlich endende Verlauf. Neben einem Temperaturanstieg zeigen sich im Verlauf der Erkrankung immer schwerere neurologische Ausfälle. Die Hunde plagen Bewegungsstörungen, Orientie-rungslosigkeit, Krämpfe und krampfartige Anfälle. Eine Behandlung ist derzeit nicht möglich! Die betroffenen Hunde müssen zu gegebener Zeit meist eingeschläfert werden. Eine Impfung auf der Basis von Humanimpfstoffen ist zur Zeit in einer Testphase, die zumindest den Mut macht schon bald einen Hundeimpfstoff in den Händen zu halten.

Da für die genannten Infektionen keine vorbeugenden Maßnahmen bekannt sind, muss die Prophylaxe die Zecken angreifen, und hierzu gibt es einige wirkungsvolle Mittel.

Viele Antiflohmittel können auch zur Vorbeugung gegen Zeckenbefall eingesetzt werden, gerade kombinierte Zecken-Floh-Halsbänder werden immer sicherer. Trotzdem sollten Sie zu den gefährdeten Zeiten im Frühsommer bis Herbst lichte Wälder und Waldstellen meiden und Ihren Hund nach jedem Spaziergang gründlich nach Zecken, die vor Beginn des Blutsaugens sehr klein sind, absuchen. Die bevorzugten Stellen der Parasiten sind die Kopfregion bis zu den Achseln, an den Ohren und zwischen den Zehen. Finden Sie trotz aller Vorsichtsmaßnahmen eine Zecke, entfernen Sie diese vorsichtig mit einer Pinzette, am besten einer speziellen zur Zeckenentfernung. Greifen Sie die Zecke möglichst nahe am Kopf und drehen Sie sie langsam und ohne zu stark zu ziehen heraus. Dabei kontrollieen Sie unbedingt, dass Sie die Zecke vollständig mit Kopf entfernt haben. Sollte etwas in der Wunde zurückgeblieben sein, kann es zu leichteren Entzündungen kommen, die meist schnell abheilen. Bedenken Sie: Je kürzer die Zecke in der Haut Ihres

Hundes steckt, desto geringer ist die Wahrscheinlichkeit, dass Krankheitserreger übertragen werden!
Eine Impfung gegen bestimmte Borrelioseerreger ist für Hunde seit einiger Zeit auf dem Markt und bietet nach der Grundimunisierung, die aus zwei Spritzen im Abstand von drei Wochen besteht, bei jährlicher Auffrischung einen guten Schutz.

Räude

Hinter dem Überbegriff „Räude" verbergen sich verschiedene durch Milben ausgelöste Hautkrankheiten. Trotzdem die unterschiedlichen Milbenarten den Hund auf verschiedene Weise schädigen, ist die Symptomatik der Hautveränderungen stets die gleiche, denn die Hunde befällt immer ein starker Juckreiz. Die Ansteckungsgefahr ist unterschiedlich groß, die Heilung im allgemeinen einfach und unkompliziert.

Die Hunde-Räudemilben der Art *Sarcoptes canis* bohren Gänge in die Oberhaut der Hunde, der in den Gängen ausgeschiedene Kot löst den oftmals sehr starken Juckreiz aus. Der Befall beginnt meist an den Ohren und kann sich von dort über den gesamten Körper ausbreiten.Die Erkrankung ist äußerst ansteckend, befallene Hunde müssen bis zur vollständigen Heilung isoliert werden. Auch der Mensch kann von diesen Milben befallen werden, jedoch sterben sie auch unbehandelt nach kurzer Zeit ab, da der Mensch für sie nicht der richtige Wirt ist. Die Behandlung erfolgt nach Absprache mit dem Tierarzt durch Bäder und weitere Fellbehandlungen. Raubmilben der Art *Cheyletiella yasgu-*

ri leben auf der Haut der Hunde. Sie durchleben hier ihren gesamten Entwicklungszyklus und ernähren sich von abgestorbenen Hautschuppen. Auf der Hundehaut zeigen sich Hautveränderungen in Form von dunkleren Schuppen und Verkrustungen durch das Kratzen. Die eigentlichen Gefahren liegen auch

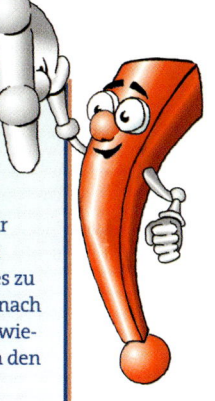

Denken Sie dran!
Kleine Ektoparasiten, wie Milben, Zecken oder Flöhe, können Sie meist nur schwer erkennen. Sichtbar werden meist erst die Folgeschäden durch Sekundärinfektionen. Um dies zu verhindern, suchen Sie regelmäßig nach diesen Parasiten. Sie halten sich vorwiegend an wärmeren Körperstellen, in den Ohren oder Achseln auf.

hier in den Sekundärinfekten der offenen Kratzstellen. Eine Behandlung mit Bädern und Desinfektionsmitteln dauert eine Wochen und löst das Problem vollständig.
Ein krankhafter Befall mit Demodex-Milben deutet auf eine Immunschwäche Ihres Hundes hin, denn diese in den Haarfolikeln lebenden Milben vermehren sich normaler Weise nicht in einem pathologischen Ausmaß. Nur eine Schwächung der Immunabwehr gibt diesem Parasiten die Möglichkeit, sich ungehemmt zu vermehren und so zu dem typischen Bild eines Milbenbefalls zu führen. Da der Befall innerhalb des Organismus ist, entstehen als Ab-

wehrreaktion rote, teils eitrige Entzündungsherde, die sich vor allem am Kopf und den Pfoten befinden. Die Demodikose ist in einer lokalisierten, also eng auf einen Abschnitt begrenzten, und einer generalisierten Form, auf den ganzen Hund verbreitet, bekannt. Eine Ansteckung ist vom infizierten Muttertier auf die Welpen über die Muttermilch, nicht jedoch durch einfachen Körperkontakt möglich.

Eine Behandlung der lokalisierten Form ist oftmals nicht notwendig. Weitet sich das Problem aus und generalisiert, ist eine umfangreiche Behandlung mit speziellen Mitteln zwingend. Ihr Tierarzt ist unbedingt zu Rat zu ziehen. Da die Demodikose nicht ausgeheilt, sondern nur zurückgedrängt werden kann, müssen Sie mit Rückschlägen rechnen, die durch eine erneute Immunschwächung Ihres Hunds, wie Stress, Trächtigkeit, andere Krankheiten, etc. ausgelöst werden können.

Darmparasiten

Die häufigsten Darmparasiten der Hunde sind Würmer, wobei mit Wurm keine biologische Art oder Gattung, sondern eine Organisationstufe beschrieben wird. Unter Würmern verstehen wir längliche, im Querschnitt runde bis ovale, wirbellose Lebewesen von meist nur geringer Größe. Ihr Vorkommen im Darm bereitet meist nur bei stärkerem Befall Probleme und kann durch spezielle Wurmkuren leicht behandelt werden. Spulwürmer, auch Rundwürmer genannt, stellen gerade bei Welpen aufgrund ihrer Toxine ein Problem dar, Haken- und Peitschenwürmer sind ebenfalls eher für Welpen problematisch, Bandwürmer sind auch für ausgewachsene Hunde gefährlich.

Der Hundespulwurm, *Toxocara canis*, ist wohl der bedeutendste Darmparasit, immerhin gelten über 90 Prozent aller Welpen als infiziert. Infizierte Welpen zeigen als typische Symptome Erbrechen und Durchfall, haben keinen Appetit und magern als Folge stark ab, wobei gleichzeitig ein aufgedunsen wirkender Bauch zu beobachten ist. Während ihrer Entwicklung wandern die Spulwurm-

> Ein gesunder Hund ist aktiv, zeigt ein glänzendes Fell und keine auffälligen Verhaltensänderungen. Werden Sie aufmerksam, wenn Ihr Hund plötzlich Angewohnheiten an den Tag legt, die Sie nicht von ihm gewohnt sind, er Bewegungen meidet oder lustlos wirkt.

Die ersten Parasiten Ihres Lebens holen sich die meisten Welpen ausgerechnet durch die Muttermilch, die fast immer mit Würmern, die während der Schwangerschaft aus ihren Dauerstadien freigesetzt wurden, verseucht ist. Eine regelmäßige Entwurmung der Welpen beseitigt die Parasiten zuverlässig.

larven durch die Darmwand in die Leber und von dort in die Lunge. Hier werden sie ausgehustet und ein Großteil der Würmer sofort wieder verschluckt, so gelangen die adulten Würmer zurück in den Darm, wo sie Ihre Eier legen, aus denen dann neue Larven schlüpfen. Die Stoffwechselprodukte der Wurmlarven können zu Allergien führen, das massenhafte Druchbrechen der Darmwand und Lungen kann diese stark schädigen und zu Infektionen führen. Die Larven im Darm können sich derart stark vermehren, dass sie den Darm verschließen oder zumindest der Nahrung so viele Nährstoffe entziehen, dass sie für den Welpen nicht mehr genügen. Die dramatische Folge ist eine Unterernährung, Entwicklungsschäden und der Tod.
So dramatisch sich die Situation hier dar-

stellt, so einfach ist die Behandlung. Heutzutage stehen genügend Wurmmittel zur Verfügung, mit denen eine Behandlung einfach und effektiv ist. Entscheidend ist die Konsequenz der Behandlung, denn der Kreislauf zwischen der Infektion der Welpen mit der Muttermilch und umgekehrt der Mutter am Welpenkot kann nicht unterbrochen werden. Somit müssen Sie die Behandlung sowohl der Welpen, das erste Mal im Alter von circa zwei Wochen, als auch der Mutter und dem Vater regelmäßig wiederholen. Die verfügbaren Präparate unterscheiden sich geringfügig in der Anwendung, in der Regel entwurmen Sie alle 14 Tage. Um die Welpen nach der Stillzeit vollständig von den Würmern zu befreien, setzen Sie die Behandlung noch über ein bis zwei Monate fort. Erwachsene Hunde sollten Sie halbjährlich entwurmen, leben Kinder im Haushalt, ist eine vierteljährliche Entwurmung ratsam. Menschen können sich infizieren, stellen für Spulwürmer aber Fehlwirte dar. Die Entwicklung der Würmer bleibt unvollständig, die Larven verkapseln sich in Muskeln und Organen, wo sie zu Unbeweglichkeit und Entzündung führen können. Eine Infektion ist allerdings nur über die Eier im Hundekot möglich.

Peitschenwürmer befallen alle Hunde, sind aber nur für Welpen und auch nur bei starkem Befall ein Problem. Als Blutsauger bohren sie sich in die Darmschleimhaut und saugen hier, was zu einer Blutarmut (Anämie) und als Folge zu einer allgemeinen Schwächung und Entwicklungsstörungen führen kann. Die Behadlung stellt keine Probleme dar, Sie erhalten entweder spezielle Wurmkuren oder nehmen ein breit wirkendes Mittel.

Hakenwürmer sind in unseren Breiten zwar nicht heimisch, jedoch im Mittelmeerraum verbreitet und deshalb auch für Ihren Hund zumindest im Urlaub ein Risiko. Die Infektion erfolgt über den Kot infizierter Hunde, die Würmer dringen über die Haut, bevorzugt an weniger behaarter Stellen, ein und wandern in den Dünndarm, aber auch in Herz, Lunge oder Luftröhre, wo sie sich an den Gefäßwänden festhaken und sich von Blut ernähren. Die Eintrittsstellen der Würmer infizieren sich, röten, schwellen leicht an und jucken. Vergrößern sich diese Stellen durch Kratzen, folgen Sekundärinfektionen. Die Hakenwürmer selbst schädigen gerade Junghunde und Welpen durch den massiven Blutverlust.

Die eintretende Anämie schwächt die Hunde, hemmt ihre Entwicklung und führt somit zum Tod. Welpen können sich auch direkt mit der Muttermilch infizieren. Die Behandlung und Prophylaxe entspricht der bei einem Spulwurmbefall.

Bandwürmer unterschiedlicher Arten befallen Hunde stets nicht direkt, also nicht von Hund zu Hund, sondern benötigen für ihre vollständige Entwicklung Zwischenwirte, über die sie übertragen werden. Der Hundebandwurm, auch Gurkenkernbandwurm genannt, *Dipylidium canium*, wird über infizierte Hundeflöhe und Haarlinge übertragen, wenn Hunde diese zerbeißen und schlucken. Die Zwischenwirte haben infektiöse Finnen der Bandwürmer in sich, aus denen sich im Hundedarm die adulten Bandwürmer entwickeln. Diese legen im Darm ihre Eier, vermehren sich aber auch ungeschlechtlich, indem sie einzelne Wurmglieder, die Proglottiden, abschnüren, die selbst zu infektiösen Finnen heranwachsen. Es sind diese Proglottiden, die einen Juckreiz am Anus verursachen, den der Hund durch das typische Rutschen auf dem Po zu lindern versucht. Die austretenden Bandwurmglieder können Sie mit bloßem Auge sehen und somit einen Befall schnell selbst diagnostizieren. Schädigen können Bandwürmer sowohl junge Hunde und Welpen, als auch erwachsene Hunde. Ferner belastet jeder Parasit das Immunsystem und eine Infektion weiterer Hunde oder gar des Menschen ist nicht erwünscht, so muss jede Bandwurminfektion schnell behandelt werden.

Neben dem Hundebandwurm können auch verschiedene Taenien-Arten, eine andere Gattung von Bandwürmern, den Hund befallen. Die Finnen dieser Arten finden Sie im Muskelfleisch infizierter Zwischenwirte. Zu diesen Zwischenwirten gehören so ziemlich alle Fleischlieferanten, so auch Rinder und Schweine. Eine Infektion ist nur über frisches, rohes Fleisch möglich. Gekochtes oder tiefge-

ihm die infektiösen Stadien, die Finnen, die beim Fuchsbandwurm, Echinococcus multilocularis, Kindskopfgröße erreichen können. Diese Finnen sind äußerst fragil, beinhalten tausende Bandwurmlarven und können tödliche Gewebeschäden, gerade in der Leber, verursachen. Besonders tückisch ist, dass die Proglottiden dieser Art mit dem bloßen Auge nicht sichtbar sind.

Füttern Sie Ihren Leonberger niemals mit rohem Fleisch, egal woher Sie das Fleisch haben. Parasiten und Krankheitserreger kommen, wie oft gesagt wird, nicht nur im Schweinefleisch vor. Kochen Sie das Fleisch vor dem Verfüttern immer ab.

kühltes Fleisch (mindestens zwei Tage bei minus 20 Grad) ist nicht mehr infektiös. Für den Menschen besonders gefährlich ist eine Infektion mit Bandwürmern der Echinococcus-Arten. Auch sie entwickeln sich über Zwischenwirte. Dient der Mensch als Zwischenwirt, so stellt er einen Fehlwirt dar. Es entwickeln sich in

Hunde infizieren sich als Endwirte, der Befall stellt für sie keinen lebensbedrohlichen Zustand dar, eine Behandlung ist aber gerade auf Grund der gravierenden, meist tödlichen Folgen für den Menschen unbedingt notwendig. Die Infektion Ihres Hunds erfolgt über infiziertes Fleisch der Zwischenwirte,

besonders von Nagetieren.

Alle Bandwurminfektionen lassen sich mit speziellen Wurmkuren behandeln. Eine regelmäßige Untersuchung ist ratsam, gerade vor Impfungen, denn auch eine kleine Schwächung des Immunsystems kann eine Impfung gefährlich machen!

Infektionskrankheiten

Infektionskrankheiten werden durch Viren, Bakterien oder Einzeller verursacht. Sie werden entweder direkt von Hund zu Hund oder über sogenannte Vektoren, zum Beispiel Zecken, übertragen. Ein defektes oder geschwächtes Immunsystem begünstigt eine Infektion ebenso wie Wunden in der Haut, die das Eindringen der Keime erleichtern. Neben verschiedenen, erregerspezifischen Symptomen gehen Infektionskrankheiten meist mit hohem Fieber einher.

Bakterielle Infektionen

Leptospirose

Die verbreitetste Form der Leptospirose ist die Stuttgarter Hundeseuche. Die bakteriellen Erreger werden von Einzellern übertragen, die vor allem in stehenden Gewässern vorkommen. Ein Infektion von infizierten Hunden auf andere ist über den Urin und Speichel ebenfalls möglich.

Nach einer Inkubationszeit von wenigen Tagen·bis zu drei Wochen zeigen sich als Folge einer schweren Magen-Darm-Entzündung starkes Erbrechen, teils blutiger Durchfall und Fieber über 40° C. Es kann in schweren Fällen zu Nieren- und Leberentzündungen mit Symptomen einer Gelbsucht kommen. Auch im Maul machen sich geschwürartige Entzündungen breit, die von einem fauligen Mundgeruch begleitet werden. Die Hinterläufe werden unbeweglich und zeigen Lähmungserscheinungen.

Die Behandlung ist erfolgversprechend, wenn die Diagnose früh gestellt wird und noch keine Organe geschädigt sind. Leider ist ein Organversagen meist das erste Anzeichen der Infektion. Es muss

jedoch gar nicht erst zu einer Infektion kommen, da wirksame Impfstoffe erhältlich sind.

Zwingerhusten (Tracheobronchitis)
Der Zwingerhusten ist eine Mischinfektion aus Viren (meist Parainfluenza-Viren) und Bakterien (meist *Bordetella bronchiseptica*), die sich auf die Luftröhre und die Bronchien beschränkt. Unbehandelt führt diese Infektion zu einer schweren Lun-

genentzündung mit Sekundärinfektionen, die sich durch die Grundschwächung des Immunsystems ausbreiten. Ansteckungsorte sind überall dort, wo viele Hunde gemeinsam auf engem Raum gehalten werden, vor allem Tierheime und Hundehandlungen, aber auch auf Ausstellungen und Hundeplätzen.
Eine Behandlung ist erfolgversprechend, solange die Sekundärinfektionen nicht zu schwer sind. Die Behandlung richtet

Gehen Sie mit Ihrem Leonberger häufig auf Ausstellungen oder andere Massenveranstaltungen, ist die Impfung gegen Zwingerhusten Pflicht.

sich gegen den bakteriellen Erreger.
Eine Impfung gegen Zwingerhusten ist auf Grund der unterschiedlichen Erreger umstritten, in meinen Augen aber ratsam. Die Vakzine ist ein Mischpräparat gegen die häufigsten Auslöser und somit auch therapeutisch sinnvoll.

Virusinfektionen

Ansteckende Leberentzündung (Hepatitis contagiosa canis, H.c.c.)

Die ansteckende Hepatitis, die durch sämtliche Körperflüssigkeiten und somit auch reinen Körperkontakt übertragen wird, kann sehr unterschiedlich verlaufen. Neben Fällen, bei denen die Hunde nach wenigen Stunden bis einigen Tagen ohne typische Symptome sterben, kann die Krankheit auch subakut verlaufen, hierbei fiebert der Hund leicht, sein Zustand verbessert sich wieder und er zeigt im Anschluss eine ein- bis zweiwöchige, einseitige und meist selbst heilende Hornhauttrübung. Akute Krankheitszeichen sind ein hoher Fieberanstieg, ein apathisches Verhalten und Nahrungsverweigerung. Nach einem ersten, meist einwöchigen Fieberanfall verbessert sich der Zustand des Hunds zunächst, um sich anschließend entscheidend zu verschlechtern. Als weitere Symptome können nun auch Erbrechen und blutiger Durchfall auftreten. Auch nach erfolgreicher Behandlung, die vom Tierarzt stark dem Einzelfall angepasst werden muss, kann vor allem eine Gelbsucht als Spätschaden zurückbleiben.
Die regelmäßige Impfung bewahrt Sie und Ihren Hund sicher vor den dramatischen Verläufen der Infektion.

Parvovirose

Diese gerade für Welpen und Junghunde lebensbedrohliche Viruserkrankung wird nur von Hund zu Hund über Ausscheidungen übertragen. Die Erreger schädigen die Darmzotten, was zu blutigen Durchfällen führt, auch Erbrechen ist ein Anzeichen für die Infektion. Bei jungen Hunden kann eine Herzmuskelentzündung den Zustand verschlechtern, die mit plötzlichem Herzversagen enden kann.
Die Behandlung ist je nach Alter und Schwere der Infektion mehr oder weniger hoffnungsvoll. Die Schutzimpfung ist ein Muss, und auch wenn sie nicht 100%ig schützen kann, wird der Krankheitsverlauf entscheidend gemildert. Gerade der Zeitpunkt der ersten Impfung kann Probleme bereiten, denn die ersten Antikörper erhalten die Welpen durch die Muttermilch. Wird zu früh geimpft, werden die Antikörper verbraucht und der Welpe produziert nicht schnell genug einen eigenen Abwehrschutz. Impfen Sie zu spät, entsteht ebenfalls eine Immunlücke, da sich die Antikörper der Mutter nicht so lange im Kreislauf des Welpen halten. Glücklicher Weise gibt es inzwischen spezielle Frühimpfstofe zur Welpenbehandlung, die genau dieses Problem umgehen. Sprechen Sie mit Ihrem Tierarzt über diese Möglichkeit.

Staupe

Die Staupe, eine Virusinfektion, deren Infektionsquellen neben infizierten Hunden auch verschiedene Wildtiere sind, verläuft in verschiedenen, charakteristischen Schüben. Je nach Ausprägung durchläuft der Hund alle oder nur einige der genannten Stadien, aber immer mit der katarrhalischen Form beginnend. Bei der katarrhalischen Form erhöht sich die Köpertemperatur des Hunds kurze Zeit nach der Infektion stark, aber nur sehr kurz und ist dadurch für den Besitzer kaum merklich. Die Entzündung verschiedener Schleimhäute bleibt meist subakut. Nach einer Woche folgt ein zweiter, heftiger Fieberschub, der mit einer Lungenentzündung einhergeht. Der eitrige Augen- und Nasenausfluss ist nun unübersehbar. Erfolgt in diesem Stadium keine Behandlung, ist eine Heilung und selbst ein Überleben des Hunds beinahe aussichtslos. Jedoch kann bei ausgebrochener Staupe nie mit einer vollständigen Genesung Ihres Hunds gerechnet werden. Manchmal kommt es nun zu einer starken Verhornung der Ballen.

Die zentralnervöse Phase schließt sich entweder an die katarrhalische Phase an, der Hund kann aber auch bis hier beinahe symptomlos bleiben. Zu den schon genannten, jetzt wiederkehrenden Symptomen kommen nun zentralnervöse Störungen in Form von Bewegungsunfähigkeit, Koordinationsschwierigkeiten und starken Krämpfen. In diesem Stadium sterben die Hunde meist sehr schnell. Der sogenannte Staupetick, ein nervöses Kopfzucken, ist der Spätschaden für die, die dieses Stadium überleben. Überleben junge Hunde die Staupe, können ihre Zähne starke Schäden am Zahnschmelz zeigen, wenn sie die Infektion im dritten bis vierten Lebensmonat durchmachten. Zu dieser Zeit befindet sich das spätere Gebiss gerade

im Aufbau und kann durch die Infektion geschädigt werden, man spricht dann vom Staupegebiss.

Manchmal können Sie in der Literatur noch von Spätfolgen der Staupe lesen, wonach sehr alte Hunde, die eine Staupe überlebten, zunehmend unter einem spürbaren Intelligenzverlust und motorischen Störungen leiden. Ob hier wirklich ein Zusammenhang besteht, ist zumindest fraglich.

Die einfache Vorsorge ist die planmäßige Impfung, die Ihrem Hund einen ausreichenden Schutz bietet

Tollwut

Obwohl die Tollwut, die durch einen Virus übertragen wird und zur Infektion über den Speichel in eine offene Wunde gelangen muss, heutzutage sehr selten geworden ist, ist sie immer noch zu Recht gefürchtet, denn eine Heilung ist nicht möglich! Die Viren wandern nach der Infektion zum Gehirn des Hunds und von dort in die Speicheldrüsen. Um sich dem Immunsystem zu entziehen, gelangen die Viren dort nicht über das Blut, sondern über die Nervenbahnen hin. Am lebenden Hund kann somit keine Tollwut nachgewiesen werden! Umso wichtiger ist ein perfekter Impfschutz, denn liegt die letzte Impfung auch nur einen Tag mehr als 365 Tage zurück, wird Ihr Hund bei Tollwutverdacht auf amtstierärztliche Weisung hin getötet! Erreichen die Viren das Gehirn, treten Veränderungen auf, die den Hund speicheln und agressiv werden lassen - doch bei weitem nicht alle infizierten Hunde zeigen diese Symptome. Je nachdem wie weit entfernt vom Gehirn die Viren in den Kreislauf eintreten, kann die Inkubationszeit einige Monate betragen. Nach Beginn der Krankheit tritt der Tod meist nach wenigen Tagen ein.

Auch wenn die Tollwut weitgehend zurückgeschlagen wurde, müssen Sie Ihren Hund unbedingt - und unbedingt pünktlich impfen lassen. Die Krankheit ist auch auf den Menschen übertragbar und auch für uns tödlich. Notieren Sie sich diesen Termin im Kalender, denn eine Infektion führt immer zum Tod, beim Versäumen der Impfung sogar der Verdacht auf Infektion.

Pseudowut
(Aujeszkysche Krankheit)

Eine sehr seltene, der Tollwut in ihrer Symptomatik ähnliche Erkrankung, ist die Pseudowut. Der starke Speichelfluss und Schluckbeschwerden erinnern an die Tollwut, die Hunde haben zudem einen starken Juckreiz. Die Krankheit endet immer tödlich, eine Infektion ist aber nur über rohes Schweinefleisch möglich. Eine weitergehende Prophylaxe, als niemals rohes Schweinefleisch zu füttern, ist nicht notwendig.

Einzellerinfektionen

Toxoplasmose

Die Erreger der Toxoplasmose sind Einzeller der Art *Toxoplasma gondii*, die als Stammwirt die Katze haben. Hier bilden sie infektiöse Dauerformen, eine Ansteckung Katze auf Hund ist jedoch sel-

ten, eher werden Hunde durch rohes Schweine- oder Rindfleisch infiziert. In Hunden bilden sich keine infektiösen Stadien, ein erkrankter Hund stellt somit keine Gefahr für den Menschen dar.

Leidet ein trächtiges Weibchen an Toxoplasmose, so kann es zu Fehlgeburten und Missbildungen der Föten kommen. Gesunde Hunde bleiben oft symptomfrei. Die Einzeller bilden Dauerformen in Organen und Muskeln, die bei abwehrgeschwächten oder abwehrschwachen Hunden zur Erkrankung führen. Die Symptomatik reicht dann von Apathie, über Magen-Darm-Beschwerden bis zu zentralnervösen Störungen. Die Behandlung ist mit Antibiotika möglich.

Einzellige Darmparasiten

Kokzidien und Giardien sind Einzeller, die sich in den Darmzellen einnisten und nur bei immunschwachen oder jungen Hunden zu ernsteren Problemen durch starken Durchfall führen. Normalerweise sind erwachsene Hunde immun und zeigen, wenn überhaupt, bei einer Infektion einen dünnen Stuhl. Die Erreger sind nicht immer und nur schwer im Kot nachweisbar. Eine Diagnose ist somit recht schwierig, sollte Ihr Hund jedoch an unerklärbarem Durchfall leiden, gerade wenn er häufiger an öffentlichen Stellen baden geht, denken Sie besonders an eine solche Infektion. Die Behandlung durch Ihren Tierarzt ist unproblematisch.

Die richtig eingesetzte Erste Hilfe kann Leben retten - dies gilt bei Menschen genauso wie bei Hunden. In vielen lebensbedrohlich wirkenden Situationen können Sie Ihrem Hund durch einfache Handgriffe sowohl direkt das Leben retten und weitere Behandlungen unnötig machen, genauso helfen aber auch erste Maßnahmen, um eine gefährliche nicht in eine lebensbedrohliche Situation ausufern zu lassen. Wichtig ist für Sie und Ihren Hund, dass Sie die Gefahrensituation erkennen und in der Lage sind, entsprechend zu handeln. Hierbei ist es an Ihnen, eine erste Verdachtsdiagnose aufzustellen und die zuvor beschriebenen Körperfunktionen wie Temperatur, Herzschlag und Atmung kontrollieren zu können. Die folgenden Erste Hilfe Maßnahmen helfen Ihnen in den am häufigsten vorkommenden Gefahrensituationen weiter. Sie sollen sich mit Ihnen vertraut machen.

Wie immer ist die Vermeidung von diesen Gefahren der beste Weg, Ihren Hund gar nicht erst in eine bedrohliche Situation kommen zu lassen. Da Sie dies aber nie ausschließen können, sollten Sie die beschriebenen Erste Hilfe Maßnahmen schon als „Trockenübungen" mit Ihrem Hund exerzieren, damit Sie beide im Notfall gut auf die lebensrettenden Handgriffe vorbereitet sind und Ihre Unerfahrenheit nicht zum zusätzlichen Risikofaktor wird.

Was Sie im Notfall unbedingt zu Hause haben sollten

Der Erste Hilfe Koffer für Ihren Hund ist ähnlich aufgebaut wie Ihr eigener, den Sie zum Beispiel aus Ihrem Auto kennen. Er sollte immer griffbereit und einsatzfähig sein. Die folgenden Utensilien muss der Koffer unbedingt beinhalten:

- ❏ Verbandszeug bestehend aus Baumwoll-Watte, Mullbinden, Endlospflaster, selbstklebenden Verbänden, sterilen Auflagen und Kompressen, Tupfern und mehreren Bandagen unterschiedlicher Länge und Breite

- ❏ verschiedene Desinfektionsmittel, wie Jodtinktur, Alkohol und Mercurochrom

- ❏ Antiseptische Salben und Puder

- ❏ Zum Applizieren der Medikamente benötigen Sie Pipetten und Spritzen (ohne Kanüle)

- ❏ Pinzetten, eine Zeckenpinzette, eine Verbandsschere, ein digitales Fieberthermometer und Heiß-/Kaltkompressen

Ferner sollten Sie die Telefonnummer Ihres Tierarzts immer griffbereit haben. Viele Tierärzte sind für Sie in Notfällen rund um die Uhr verfügbar und geben Ihnen auch ihre Mobilfunk-Nummer falls vorhanden. Sollte Ihr Tierarzt nicht immer erreichbar sein, lassen Sie sich die Nummer und Adresse einer Notbereitschaft geben. Erkundigen Sie sich beim Urlaub Ihres Arzts nach einer Vertretung und machen Sie sich mit der schnellsten Anfahrt dorthin vertraut, denn im Notfall zählt jede Sekunde, die nicht mit der Suche im Stadtplan vergeudet werden darf. So gerne Ihnen Ihr Tierarzt sicher zu jeder Tages- und Nachtzeit hilft, so unerfreut wird auch er mitten in der Nacht über einen Fehlalarm sein. Stellen Sie deshalb mit Ihren Möglichkeiten sicher, dass es sich um einen wirklichen Notfall handelt. Sichere Zeichen hierfür sind:

- ❏ **ein unnatürlich helles Zahnfleisch**
- ❏ **ein fester, verspannter Bauch**
- ❏ **Bewusstlosigkeit**
- ❏ **Blutungen aus Körperöffnungen, Blut in Stuhl oder Urin**
- ❏ **stark blutende Verletzungen**
- ❏ **starke Schmerzen bei Druck auf den Körper oder beim Bewegen der Glieder**
- ❏ **die Unfähigkeit, ohne Hilfe zu stehen**
- ❏ **verlangsamte Atmung und Herzschlag, ebenso eine deutliche Beschleunigung**
- ❏ **Verletzungen am Auge**
- ❏ **starker Brechdurchfall**

Wenn der Ernstfall eingetreten ist

Das Wichtigste für Sie und Ihren Hund ist, erst einmal die Ruhe zu bewahren. Auch wenn Sie voll Sorge sind und schnell helfen wollen, behalten Sie einen klaren Kopf und vor allem agieren Sie nicht hektisch. Jede Unruhe überträgt sich auf Ihren Hund und macht auch ihn zu einem unberechenbareren Patienten. So lieb und ruhig Ihr Hund auch im gesunden Zustand ist, hat er ernsthafte und dazu wohl-

möglich noch schmerzhafte Gesundheitsprobleme, kann auch er einmal zubeissen und nicht sehr kooperativ sein. Um in dieser Ausnahmesituation weitere Belastungen für ihn zu minimieren der dringende Rat, die wichtigsten Handgriffe schon im Vorfeld zu erproben. Hierzu gehört an erster Stelle das Anlegen des Notfallmaulkorbs.

Der Notfallmaulkorb

Ein Hund, der Schmerzen hat und sich in einer Stress- oder gar Paniksituation befindet, beißt schnell nach allem, was sich ihm nähert. Wollen Sie einem Hund in dieser Situation helfen und sich ungefährdet nähern, muss ihm ein Maulkorb angelegt werden, wenn nicht der Tierarzt zur Stelle ist und ein Beruhigungsmittel spritzen kann. Da Sie nicht unbedingt einen eigenen Maulkorb besitzen oder ihn immer bei sich tragen, können Sie einen Notfallmaulkorb als voll funkti-

Puls und Atemfrequenz können Sie sehr leicht selbst messen. Die Atemfrequenz fühlen Sie durch leichten Druck auf den Brustkorb, den Puls fühlen Sie mit zwei Fingern auf der Schenkelinnenseite. Foto: bede-Verlag

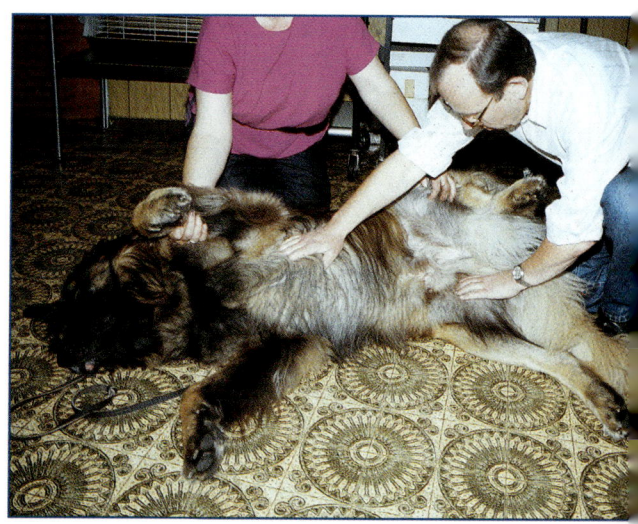

onsfähiges Provisorium schnell selbst fertigen und anlegen. Sie benötigen hierzu lediglich ein circa ein Meter langes Stück reißfesten Stoff, nur im Notfall nehmen Sie eine Schnur. Die Schnur darf nicht zu dünn sein, um den Hund nicht durch Einschnüren zu verletzen. Dinge, die sich gut eignen und fast immer schnell zu bekommen sind, sind die Hundeleine, eine Krawatte, ein Schaal oder ähnliches. Die einzelnen Schritte der Reihenfolge nach:

Fertigen Sie in der Mitte Ihres Bands eine Schlaufe, indem Sie einen lockeren, einfachen Knoten binden.

Ziehen Sie diese Schlaufe über die Schnauze des Hundes und ziehen den Knoten auf dem Nasenrücken fest. Aber Vorsichtig, ohne gebissen zu werden! Dies ist der einzige heikle Moment für Sie!

Nun verknoten Sie das Band ein zweites Mal unter dem Unterkiefer und ziehen wieder fest zu.

Sollte die Situation ein zweimaliges Verknoten nicht erlauben, lassen Sie den ersten Knoten einfach weg und verknoten die Schlinge einmal unterhalb der Schnauze. Um den Maulkorb zu fixieren, führen Sie die beiden Enden nun unter den Ohren in den Nacken und machen dort ebenfalls zwei feste Knoten - der Notfallmaulkorb ist fertig angelegt!

Diese Prozedur ist für den Hund nicht unangenehm, sondern nur ungewohnt. Üben Sie deshalb mit ihm das Anlegen, damit sie beide mit der Technik vertraut sind.

Bedenken Sie bitte, dass ein Maulkorb die Atmung beeinträchtigt und auch ein Erbrechen behindert. Kontrollieren Sie dies, um ein Ersticken zu verhindern und legen Sie einem erbrechenden Hund niemals einen Maulkorb an.

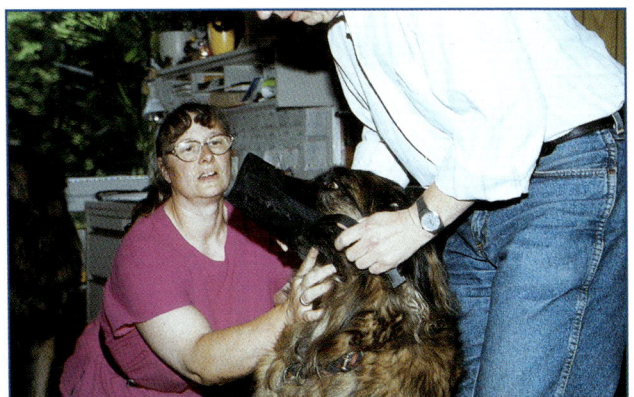

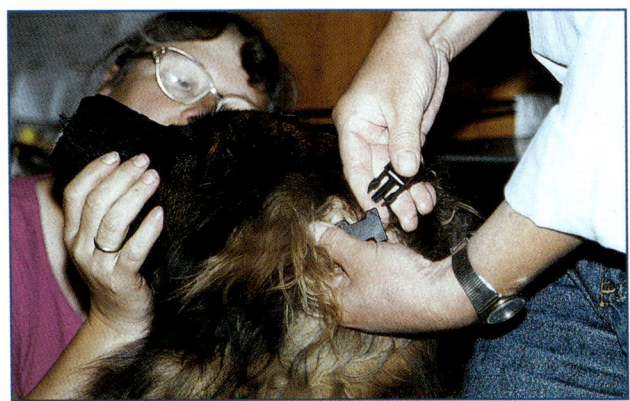

Wiederbelebung

Setzt bei Ihrem Hund die Atmung oder der Herzschlag, im schlimmsten Fall beides, aus, muss sofort mit der Wiederbelebung begonnen werden. Achten Sie während der Maßnahmen darauf, dass der Hund nicht auskühlt, indem Sie ihn zum Beispiel in eine Decke einhüllen. In jedem Fall alarmieren Sie zu Ihren eigenen Bemühungen noch den Tierarzt. Setzt allein die Atmung aus, legen Sie den Hund zunächst auf die Seite, kontrollieren Sie, ob ein Fremdkörper die Atemwege verschließt und entfernen

Auch der liebste Leonberger kann einmal zuschnappen, wenn er verletzt und in Panik ist. Vor der Behandlung eines verwundeten Hundes sollten sie daher einen Maulkorb anlegen
Fotos: bede-Verlag

Sie ihn (siehe auch „Ersticken"). Atmet der Hund wieder normal, ist der Notfall überstanden, setzt die Atmung nicht wieder ein, beginnen Sie mit der Mund-zu-Nase-Beatmung. Durchschnittlich atmet ein Hund ungefähr 20 mal pro Minute. An diesem Wert orientieren Sie sich auch bei der Beatmung, das heißt, alle drei Sekunden füllen Sie die Lungen des Hundes mit Luft. Dazu setzen Sie Ihren Mund auf dei Nase des Hundes, halten sein Maul zu und atmen in die Hundenase aus. Nach jeder Beatmung öffnen Sie das Maul des Hundes und ziehen seine Zunge hervor, um ihm ein freies, eigenständiges Atmen zu ermöglichen. Falls Sie den direkten Kontakt mit der Hundenase vermeiden wollen, legen Sie ein dünnes Tuch (Taschen- oder Haushaltstuch) über die Hundeschnauze. Beatmen Sie den Hund so lange, bis er wieder selbst atmet und beobachten Sie ihn weiterhin gründlich. Setzt die Atmung auch nach einigen Minuten nicht wieder ein, kann nur der Tierarzt weiterhelfen, den Sie auf jeden Fall alarmieren müssen, auch bei erfolgreicher Beatmung.

Denken Sie dran!

In einer Notfallsituation kommt es nicht nur auf Ihr Wissen an, sondern auch darauf, dass Sie ruhig bleiben und sich nicht von der Hektik der Situation anstecken lassen. Hierbei hilft Ihnen die Übung und das Wissen um die notwendigen Handgriffe. Am besten üben Sie die wichtigsten Erste-Hilfe-Maßnahmen mit Ihrem Hund.

Setzt allein der Herzschlag aus, werden Sie eine Herzmassage durchführen müssen. Hierzu legen Sie den Hund auf die rechte Körperseite. Ist der Hund sehr klein und können Sie den Brustkorp mit einer Hand umfassen, drücken Sie einfach Ihre Hand im Bereich der dritten bis sechsten Rippe von beiden Seiten zusammen. Ist der Hund größer, legen Sie ihre eine Hand flach auf die Rippen der linken Körperseite, wieder zwischen der dritten und sechsten Rippe, und drücken mit der anderen Hand auf ihre untere Hand. Das Hundeherz schlägt in etwa so häufig wie bei uns Menschen, also 80 bis 100 mal in der Minute. Diese Frequenz sollten auch Ihre Wiederbelebungsversuche haben. Fahren Sie mit Ihren Bemühungen fort, bis das Herz wieder von alleine schlägt und beobachten Sie den Hund weiterhin sorgfältig. Den Tierarzt sollten Sie in jedem Fall verständigen.

Fallen sowohl die Atmung als auch der Herzschlag aus, verfahren Sie entweder so, wie oben beschrieben, wenn Ihnen ein Helfer zur Seite steht, so dass jeweils einer von Ihnen die Herzmassage oder die Beatmung übernehmen kann, oder Sie müssen einen Kompromiss eingehen. Wechseln Sie zwischen Beatmung und Herzmassage in einem ständigen Wechsel zwischen zweimal beatmen und achtmal Druck auf den Brustkorb. Ideal wäre ein Zyklus von zehn Malen pro Minute, versuchen Sie zumindest alle zehn Sekunden einen Zyklus abzuschließen.

Sollte Ihr Hund trotz aller Bemühungen nicht wiederzubeleben sein, müssen Sie sich mit dem Schicksal abfinden. Eindeutige Zeichen dafür, dass jede weitere Hilfe zu spät kommt, sind geweitete Pupillen, blau angelaufenes Zahnfleisch, eine blaue Zunge und das Fehlen jeglicher Reflexe.

Ersticken

Befindet sich Ihr Hund in einer Situation, in der zu ersticken droht, ist schnellste Hilfe erforderlich. Deutliche Anzeichen dafür, dass Ihr Hund zu wenig oder gar keine Luft bekommt, sind neben des sichtbaren Unvermögens frei durchzuatmen auch starker Speichelfluss und später eine Blaufärbung der Zunge. Die häufigsten Ursachen für Erstickungsanfälle sind Schwellungen oder Fremdkörper im Rachenraum, am Zungengrund oder in der Luftröhre. Um die tatsächliche Ursache herauszufinde, fixieren Sie den Hund zwischen Ihren Beinen und öffnen sein Maul vorsichtig, um ihm in den Hals sehen zu können. Ziehen Sie seine Zunge leicht heraus, um auch Fremdkörper im hinteren Rachenbereich erkennen zu können. Haben Sie das störende Teil entdeckt, versuchen Sie es entweder mit einem stumpfen Gegenstand, am besten einer Pinzette, zu entfernen. Kleinere Hunde können Sie auch an den Hinterbeinen packen und auf den Kopf stellen. Sollte sich der Gegenstand so nicht entfernen lassen, fahren Sie schnellstmöglich zum Tierarzt und beatmen Ihren Hund notfalls Mund-zu-Nase (siehe „Wiederbelebung"). Gerade spitze Gegenstände wie Fischgräten, Röhrenknochen von Geflügel oder auch zu kleine und leicht splitternde Rinder- oder Schweineknochen bleiben gerne im Hals stecken und können nicht ohne weiteres entfernt werden, wie unter „Fremdkörper" noch beschrieben wird.

Entdecken Sie keinen Fremkörper im Hals des Hundes, so sitzt dieser entweder zu tief oder der Erstickungsanfall ist auf eine Verengung der Luftröhre zurückzuführen. In den meisten Fällen ist das Anschwellen der inneren Schleimhäute eine allergische Reaktion, die mit Antihistaminen schnell behandelt werden kann. Ein Antihistaminicum gehört in den Erste-Hilfe-Koffer jedes allergisch reagierenden Hundes. Eine erste Dosis sollten Sie gleich verabreichen, der Besuch beim Tierarzt muss sofort erfolgen.

Ertrinken

Jeder Hund kann von Geburt an schwimmen, so auch Welpen. Zu lebensbedrohlichen Situationen im Wasser kann es dann kommen, wenn das rettende Ufer oder der Ausgang aus einem künstlich angelegten Gewässer, das kann auch der Swimmingpool sein, nicht mehr erreicht werden kann, der Hund ermüdet und ihn seine Kräfte verlassen. Dies ist naturgemäß bei jungen und alten Hunden

Leonberger sind Wassernarren. Dabei können sich aber besonders ältere Hunde und Welpen überschätzen und beim Nachlassen ihrer Kräfte in ernste Notsituationen geraten. Achten Sie immer besonders auf Ihren Hund, wenn er im Wasser schwimmt.

besonders schnell, für kleinere Rassen sind zudem manche Auswege nicht erreichbar, die eine große Rasse mit Leichtigkeit für sich nutzen kann. Auch Gewässer mit starker Strömung können eine ernste Gefahr darstellen. Kritisch ist der Zustand dann, wenn der Hund längere Zeit untergeht und viel Wasser schluckt oder gar in die Lungen bekommt. Bewusstlosigkeit und ein schnelles Ertrinken sind die Folge. Retten Sie einen ertrinkenden Hund aus dem Wasser, schauen Sie zunächst nach, ob sich Gegenstände in seinem Mund und Rachenraum befinden. In stark bewachsenen oder verdreckten Gewässern kann der Hund so allerlei Unrat und Wasserpflanzen geschluckt haben, die eine Wiederbelebung und ein normales Atmen unmöglich machen. Entfernen Sie die Gegenstände und pumpen Sie das Wasser aus den Lungen des Hundes. Kleinere, leichtere Hunde können Sie an den Hinterbeinen greifen und nach unten hängen lassen, das Wasser kann nun normal abfließen. Größere und schwerere Hunde legen Sie auf die Seite, möglichst sollte der Kopf hierbei tiefer liegen, als der Körper, und pressen mit der flachen Hand auf den Brustkorb, so dass das Wasser ebenfalls abfließen kann. Wenn der Hund nun nicht von selbst anfängt zu atmen, beginnen Sie mit den bereits beschriebenen Wiederbelebungsmaßnahmen.

Insektenstiche

Gefährlich werden in der Regel nur Stiche von Wespen oder Bienen, wenn Ihr Hund allergisch reagiert oder in den Mund-Rachenraum gestochen wird. Ein Insektenstich schmerzt den Hund und Sie werden leicht feststellen können, wo Ihr Hund gestochen wurde. Sehen Sie sich die Stelle genau an und entfernen Sie bei Bienenstichen vorsichtig den Stachel, ohne dabei auf den zurückgebliebenen Giftsack zu drücken, was nur noch mehr Gift in die Wunde bringen würde. Ideal ist eine spitze Pinzette. Desinfizieren Sie den Einstich und geben eine kühlende Salbe auf die Stelle. Sollte Ihr Hund in den Kopf und vor allem in Mund, Nase, Zunge oder gar weiter hinten im Maul gestochen worden sein, suchen Sie schnellstens einen Tierarzt auf. Durch ein Anschwellen des Stichs besteht hierbei eine ernste Erstickungsgefahr. Ebenso sollten Sie sofort den Tierarzt besuchen, wenn Ihr Hund allergische Reaktionen auf den Stich zeigt. Meist schwillt schon die Einstichstelle unnatürlich stark an, gefährlich wird es aber erst, wenn Sie am Kopf des Hundes eine Schwellung feststellen und sein Zahnfleisch blass wird. Hier kann ein Schockzustand unmittelbar bevorstehen. Lassen Sie sich von Ihrem Tierarzt ein Antihistaminikum für Ihren Hund verschreiben, das Sie im Notfall verabreichen können und das erste Linderung verschafft. Gerade bei einer bekannten Allergie auf Insektenstiche ist dies eventuell lebensrettend.

Vergiftungen

Vergiftungen können die unterschiedlichsten Ursachen haben und es gilt zur adäquaten Weiterbehandlung vor allem, die Vergiftungsursache und somit das Gift ausfindig zu machen. Die Symptome sind bei den meisten Vergiftungen relativ gleich. Der Hund zeigt einen erhöhten Speichelfluss meist zusammen mit heftigem Erbrechen und Durchfall, desweiteren finden Sie oft Schleimhautblutungen. Hinzu kommen je nach Schwere der Vegiftung weitere körperliche Ausfallerscheinungen wie Gleichgewichtsstörungen, Krämpfe und häufig eine allgemeine Schwäche. Zwei Dinge haben nun absolute Priorität: Die Ursache der Vergiftung herausfinden und einer Verschlechterung des Zustands entgegenzuwirken.

Bevor Sie lange überlegen wo und wie sich Ihr Hund vergiftet hat, sollten Sie Ihren Hund beruhigen, so weit das in solch einer Situation geht, und die normale Körperabwehr wie Erbrechen und Durchfall unterstützen. Verabreichen Sie kein brechreizförderndes Mittel! Viele Mittel können die Wirkung verschiedener Gifte noch verschlimmern! Versuchen Sie lieber, dem Übel auf die Spur zu kommen und überlegen, was der Hund alles gefressen hat. Waren Sie mit Ihm spazieren, hat er an etwas geleckt oder an Pflanzen geknabbert, die Sie nicht kennen? Alle diese Überlegungen helfen dem Tierarzt, die Ursache herauszufinden. Auch der Verzehr von einfacher Schokolade kann beim Hund zu schweren Vergiftungen führen! Grundsätzlich dürfen Sie Ihren Hund nie mit Lebensmitteln und Süßigkeiten füttern, die für uns Menschen hergestellt und nicht für unsere Hund bestimmt sind.

Fremdkörper

Unter Fremdkörper verstehe ich alle Gegenstände, die der Hund verschlingt, die aber alles andere als Nahrung für Ihn sind und in Rachen, Magen oder Darm zu ernsthaften Schäden bis hin zum Tod führen. Achten Sie unbedingt darauf, was Ihr Hund frißt, was sich an kleineren, ver-

schluckbaren Teilen in seiner Reichweite befindet und womit er sich zuhause und bei Spaziergängen beschäftigt.

Viele Unfälle passieren mit essbaren Gegenständen. Der berühmte Röhrenknochen im Geflügel, der leicht splittert und entweder im Rachen stecken bleibt und zum Ersticken führen kann oder erst im MagenDarm-Trakt schwere innere Verletzungen verursacht oder die Fisch-

Insektenstiche stellen meist nur dann eine Gefahr dar, wenn Ihr Leonberger allergisch reagiert oder im Rachenraum gestochen wurde.

gräte mit gleichen Folgen. Selbst bei Rinderknochen müssen Sie auf die Art achten. Zu kleine Knochen können verschluckt werden und sich im Rachen quer stellen und auch Rippchenknochen haben eine ähnlich spröde Konsistenz wie Röhrenknochen.

Gerne gefressen werden auch alle Verpackungsmaterialien, die noch nach den darin verpackten Lebensmitteln riechen. Wenn die eingepackte Wurst auf dem Tisch liegt, macht sich sicher kein Hund die Mühe, sie erst auszupacken, sondern

Denken Sie dran!
Wenn Sie nicht genau wissen, was in einer Notsituation zu tun ist, lassen Sie es lieber ganz und holen schnellstens einen Tierarzt zu Hilfe. Viele Situationen werden durch unsachgemässe Hilfe verschlimmert und jede weitere Behandlung erschwert.

verschlingt das ganze Paket. Diese Verpackungen, die meist aus Plastik sind, können nicht verdaut werden und im schlimmsten Fall werden sie auch nicht erbrochen oder ausgeschieden, sondern verschließen den Magen-Darmtrakt.

Es sind aber nicht nur solch naheliegende Gegenstände, an denen sich besonders junge und unerfahrene Hunde und Welpen vergehen. Die unvermutetsten Dinge mussten schon aus Hundemägen herausoperiert werden, weshalb Sie besonders darauf achten müssen, klei-

ne Gegenstände sorgsam zu verstauen. Zeigt der Hund Erstickungsanfälle, verfahren Sie wie in dem Absatz beschrieben. Versuchen Sie jedoch niemals spitze Gegenstände wie Gräten oder Knochen selbst aus dem Rachen zu entfernen. Beim Herausziehen richten Sie schnell noch größeren Schaden an. Steckt der Fremdkörper im Hals, so hinterlässt er auch nach dem Entfernen eine Wunde, die schnell durch Bakterien infiziert werden kann und so zu schweren Entzündungen führt. Diese Wunden müssen antibiotisch versorgt werden. Ziehen Sie einen Tierarzt zu Hilfe und überbrücken die Zeit im Notfall mit einer Mund-zu-Nase-Beatmung.

Ist der Fremdkörper im Magen-Darm-Trakt, so hat der Hund im Falle eines Verschlusses einen aufgebläht wirkenden Bauch und Schmerzen bei Berührung. Hier muss sofort der Tierarzt aufgesucht werden und der Gegenstand zur Not operativ entfernt werden. Leiten Sie in diesem Fall kein Erbechen ein, wenn sich der Hund nicht schon übergibt. Der Fremdkörper könnte weitere Schäden beim Würgen und passieren des Rachens auslösen. In jedem Fall müssen Sie den Tierarzt informieren.

Bisswunden und ähnliche Verletzungen

Die Schwere von Biss- und ähnlichen Verletzung hängt vor allem davon ab, wie tief, groß und wie stark blutend die Wunde ist. Handelt es sich bei der Verletzung nur um eine oberflächliche Abschürfung, genügt eine ausreichende Säuberung und Desinfektion der Wunde. Um einen Verband zu befestigen und eine Verunreinigung der Wunde durch das eigene Fell zu verhindern, sollten Sie das Fell an den Seiten der Wunde abrasieren.

Stellen Sie eine tiefe Wunde fest, muss diese unbedingt von einem Tierarzt versorgt werden. Sie sollten die Wunde zunächst nur reinigen und desinfizieren, ein notdürftiger Verband sollte einer neuerlichen Verunreinigung vorbeugen. Blutet die Wunde stark, legen Sie eine Kompresse an, um einen stärkeren Blutverlust zu verhindern.

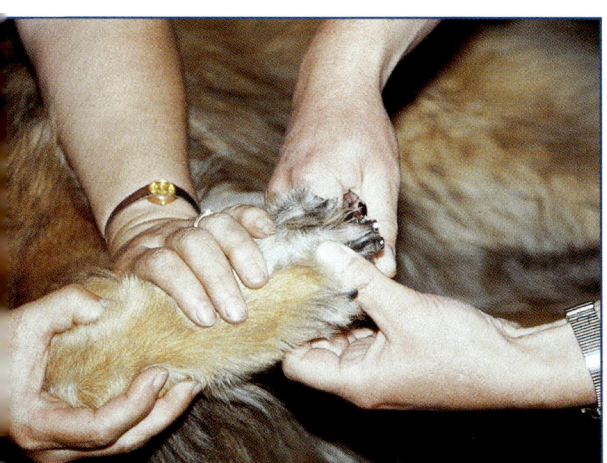

Suchen Sie in jedem Fall so schnell wie möglich einen Tierarzt auf, der die Wunde adäquat versorgen und die Nachbehandlung übernehmen kann. Bei leichteren Wunden genügt dies am nächsten Tag, schwerere Wunden müssen sofort weiterbehandelt werden.

Überprüfen Sie bei dieser Gelegenheit auf jeden Fall den bestehenden Tollwutimpfschutz Ihres Hundes, gerade bei Bissen von anderen Tieren.

Blutungen

Blutungen müssen schnell von Ihnen gestoppt werden können. Bei Bissen, Schnitten oder ähnlichen Verletzungen, kann die Wunde sehr stark bluten und zu einem erheblichen Blutverlust führen, der auch tödlich enden kann. Um die Blutung zu stoppen, legen Sie eine Kompresse (Druckverband) an, die Bestandteil Ihrer Erste-Hilfe-Ausrüstung sein sollte. Haben Sie gerade keinen passenden Verband zur Hand, genügt auch normales Verbandszeug, das Sie fester anlegen sollten. Hierbei muss der Druck so stark sein sein, dass die Blutung gestoppt wird, aber noch locker genug, um die Durchblutung nicht zu unterbinden. Lockern Sie den Verband alle 15 Minuten, um die Durchblutung zu fördern und keine Körperteile abzuschnüren. Auf jeden Fall muss der Tierarzt die Wunde betrachten und sofort eingeschaltet werden. Auch kleinere Blutungen, die Sie selbst auch ohne Druckverband mit Wundsalbe oder Pulver zum Stillstand bringen können, sollten vom Tierarzt nachkontrolliert werden.

Seien Sie vorsichtig beim Krallenschneiden! Wenn Sie die Krallen zu weit abschneiden, können Sie die Blutgefäße treffen und Ihrem Hund Schmerzen zufügen.
Foto: bede-Verlag

Elektrischer Schlag

Achten Sie gerade bei Welpen und heranwachsenden Hunden darauf, dass kein Stromkabel in Ihre Nähe kommt oder sie längere Zeit unbeobachtet die Möglichkeit haben, auf einem Stromkabel herumzukauen. Es gibt inzwischen die unterschiedlichsten Möglichkeiten, Schutzschalter im

Stromkreis einzubauen, die bei kleinsten Kurzschlüssen die Leitungen unterbrechen. Informieren Sie sich hierzu nach dem aktuellen Angebot bei Ihrem Elektrohändler. Ist Ihr Hund aber von einem elektrischen Schlag getroffen worden, unterbrechen Sie zunächst den Stromkreis, indem Sie die Sicherung herausnehmen und bringen Sie Ihren Hund sofort zum Tierarzt. Oft hinterlassen Stromschläge zunächst symptomlose, innere Verletzungen, die dann erst zu spät bemerkt werden.

Sollte Ihr Hund nach dem Schlag leblos sein, beginnen Sie mit Wiederbelebungsmaßnahmen.

Verbrennungen

Verbrennungen sind für Ihren Hund immer schmerzhaft und können zu schweren Sekundärinfektionen führen. Je größer die Brandwunde ist, desto anfälliger ist die Wunde für Bakterien, die zu großflächigen Entzündungen führen können. Auf jeden Fall müssen Sie mit einer Verbrennung sofort den Tierarzt, bei großflächigen Verbrennungen am besten gleich die Tierklinik besuchen. Die langwierige Behandlung und Heilung ist begleitet von täglichen Verbandswechseln und einer peniblen Hygiene, um Sekundärinfektionen zu vermeiden. Aus diesem Grund werden auch antibakterielle Salben aufgetragen. Als Komplikation kann gerade bei schwereren Verbrennungen ein Schock hinzukommen.

Schock

Ein Schock ist immer eine lebensbedrohliche Situation. Die Pupillen zeigen sich geweitet, zu einem flachen, schnellen Puls kommt eine flache Atmung, beides führt unter anderem zu einer Abkühlung der Körpertemperatur und einer allgemeinen Schwäche. Die Ursachen können unterschiedlicher Natur sein, meist handelt es sich jedoch um Notsituationen in Folge starker Verletzungen. So kann zum Beispiel ein starker Blut- oder Flüssigkeitsverlust, Panik oder auch eine starke Allgemeininfektion (Sepsis) zu einem Schock führen. Nach der Erstversorgung bringen Sie Ihren Hund so schnell wie möglich zum Tierarzt.

Hitzschlag

Zum Hitzschlag kommt es, ganz einfach gesprochen, wenn sich die Körpertemperatur Ihres Hundes über ein natürliches Maß erhöht. Es geschieht vor allem dann, wenn Ihr Hund über einen längeren Zeitraum ungeschützt hohen Temperaturen ausgesetzt ist. Dies ist dann der Fall, wenn Sie Ihren Hund beispielsweise im Auto zurücklassen oder auch in der Sonne anbinden. Hierbei hat der Hund keine Möglichkeit, der Erwärmung zu entweichen und einer Überhitzung zu entkommen. Sie sehen, dass ein vorsichtiges Verhalten Ihrerseits einmal mehr der beste Schutz Ihres Hundes ist. Vor einem Hitzschlag ist prinzipiell kein Hund sicher, jedoch gibt es prädistinierte Rassen, die besonders anfällig sind. Es sind dies Rassen mit einem kurzen, wenig isolierenden Fell, Rassen mit dunklem Fell und Rassen mit einer kurzen Schnauze, die das natürliche Kühlsystem der Hunde darstellt.

Die Anzeichen für einen Hitzschlag sind neben einer flachen, schnellen Atmung, eine erhöhte Körpertemperatur und ein schneller Herzschlag. Dieser Zustand ist äußerst instabil und kann schnell in einer

Sicher ein lustiges Foto, aber nicht der geeignete Weg, Ihren Hund vor der Sonne zu schützen. Auch wenn Leonberger nicht prädistiniert für einen Hitzschlag sind, sollten Sie Ihrem Hund immer die Möglichkeit geben, bei Bedarf in den Schatten gehen zu können.

Bewusstlosigkeit enden. Schnelle Hilfe ist hier überlebenswichtig.

Ihr erstes Ziel muss sein, den Hund auf seine natürliche Körpertemperatur von ungefähr 38° C abzukühlen. Hierbei ist jedoch Vorsicht geboten, denn eine zu schnelle Abkühlung würde automatisch zu einem Kreislaufversagen und somit einem lebensbedrohlichen Schockzustand führen. Kühlen Sie Ihren Hund am besten mit kaltem, aber sicher nicht eiskaltem Wasser, das Sie entweder langsam über den Hund laufen lassen, besser Sie umwickeln die Pfoten mit feuchten Tüchern und übergießen den Körper des Hundes zusätzlich mit kühlem Wasser. Kontrollieren Sie hierbei ständig die Körperfunktionen des Hundes, vor allem die Temperatur und den Herzschlag. In schwereren Fällen ist der Organismus des Tieres so stark geschwächt, dass der Kreislauf nicht zu stabilisieren ist. Die Temperatur fällt auch nach Beendigung der Kühlung und der Hund gerät in eine weitere lebensbedrohliche Situation. In einem solchen Fall müssen Sie den Hund in Decken wickeln und sofort zur tierärztlichen Behandlung transportieren. Auch für den Fall, dass der Hund seine normale Körpertemperatur wiedererlangt, sollte eine Nachuntersuchung unbedingt stattfinden.

Unterkühlungen und Erfrierungen

Bei Hunden sprechen wir ab einer Körpertemperatur von circa 36° C und darunter von einer Unterkühlung. Diese tritt dann ein, wenn der Hund zu lange extrem kalten Temperaturen ausgesetzt ist. Da

Unfälle gesche-
hen immer un-
verhofft, trotz-
dem müssen Sie
auf eine Notfall-
situation ange-
messen vorberei-
tet sein und dür-
fen nicht in Panik
geraten. Ihr Hund
muss sich bei
Ihnen gut aufge-
hoben fühlen
und Sie dürfen
ihn bei einem
Notfall nicht mit
Ihrer Unruhe
anstecken.

Hunde, wie alle warmblütigen Tiere über recht wirksame Mechanismen zur Wärmeproduktion verfügen, unterkühlen erwachsene Hunde nur bei sehr niedrigen Temperaturen oder bei einer allgemeinen Schwächung des Organismus. Gerade ältere Hunde und Welpen können aber schon bei weniger dramatischen Temperaturen leichter unterkühlen, achten Sie hier besonders auf erste Anzeichen.

Neben einer deutlichen Absenkung der Körpertemperatur können Sie eine allgemeine Unruhe und eintretende Schwächung des Hundes beobachten.

Sorgen Sie unbedingt für eine langsame und gleichmäßige Erwärmung des unterkühlten Hundes mittels Decken, Wärmflasche oder Heißpacks. Suchen Sie bei schweren Unterkühlungen gerade bei geschwächten Tieren den Tierarzt auf.

Eine ernsthaftere Bedrohung für Ihren Hund stellen Erfrierungen dar. Hier müs-

sen Sie die erfrorenen Körperstellen vorsichtig massieren, am besten mit Schnee oder mit in kaltem Wasser getränkten Tüchern. Erfrorene Gliedmaßen können Sie nach einiger Zeit in gefüllte Wasserbehälter stellen und die Temperatur langsam auf die Körpertemperatur steigern. Bei Erfrierungen an den Ohren umwickeln Sie diese mit feuchten Verbänden, deren Temperatur Sie ebenfalls steigern. Auf jeden Fall müssen Sie schnellstmöglich einen Tierarzt aufsuchen, der die weitere Behandlung bestimmt.

Verdauungsprobleme

Halten Verdauungsstörungen länger an, ist unbedingt der Tierarzt aufzusuchen. Handelt es sich allerdings nur um oberflächliche Probleme, können kleine Tricks schon ausreichend helfen.

Es ist nicht beunruhigend, wenn Ihr Hund einen Tag mal keinen Stuhlgang hat. Sie sollten aber nicht versuchen, das Problem durch alte Hausmittelchen zu beseitigen, sondern klären Sie die Ursache. Hält die Verstopfung an, wenden Sie sich unbedingt an Ihren Tierarzt.

Ein Durchfall ist meist unproblematisch, tritt er nur ein oder zwei Tage auf, ohne von Erbrechen begleitet zu sein. Sollte der Durchfall länger als einen Tag andauern, sich nicht bessern oder dramatisch verlaufen, müssen Sie schnellstmöglich einen Tierarzt aufsuchen, denn der Elektrolyt- und Wasserverlust kann schnell zu einer inneren Austrocknung führen und tödlich enden. Gerade bei Brech-Durchfall kann es sehr schnell zu lebensbedrohlichen Situationen kommen.

Epileptische Anfälle und Krämpfe

Die Bandbreite der Auswirkungen und Schwere von epileptischen Anfällen und Krämpfen bei Hunden ist sehr weit, und kann sowohl fast unmerklich aber auch lebensbedrohlich für den Hund verlaufen. Es gibt einige Rassen, bei denen Anfälle häufiger beobachtet werden, jedoch können die meisten Hunde einen solchen Anfall erleben. Zu klären ist auf jeden Fall die Ursache für den Anfall.

Die Anzeichen sind einheitlich. Neben einem unkontrollierten Zucken einzelner Gliedmaßen kann es zu recht dramatischen Verkrampfungen des gesamten Körpers kommen. Die Anfälle dauern in der Regel nicht länger als ein bis zwei Minuten und bleiben in der Regel folgenlos.

Helfen können Sie Ihrem Hund in dieser Zeit nicht. Am besten lassen Sie ihn in Ruhe seinen Anfall durchleben, denn in dieser unkontrollierten Situation könnte er Sie beißen oder sonstwie verletzen. Die Gefahr, dass der Hund bei einem epileptischen Anfall seine Zunge verschluckt, ist nicht gegeben. Im schlimmsten Fall erlebt Ihr Hund eine Bewusstlosigkeit, während der er auch unkontrolliert Kot oder Urin ausscheiden kann. Manche

Um Ihren Leonberger gesund zu halten, müssen Sie keine Berge versetzen. Einzig ein wenig Verständnis für seine Bedürfnisse, sein Wesen und seine Natur genügen. Sie müssen sich vor Augen halten, wo sich Ihr Hund in seinem Lebensstil von Ihnen unterscheidet und wie Sie diese manchmal unterschiedlichen Interessen mit Ihren eigenen am geschicktesten vereinbaren können. Dann wird einem langen und glücklichen Miteinander nichts im Weg stehen.

Anfälle und Krämpfe verlaufen aber auch beinahe symptomlos, ohne dass Sie diese groß wahrnehmen.

An den Tierarzt sollten Sie sich immer wenden, denn die Anfälle können Anzeichen für tiefer liegende Gesundheitsprobleme sein, gerade wenn sie häufiger auftreten. Auch nach einzelnen, besonders schweren Anfällen, müssen Sie einen Tierarzt zu Rate ziehen.

Augen

Verletzungen und Veränderungen an den Augen sind immer eine heikle Angelegenheit und sicher kein Betätigungsfeld für den Laien, sondern immer für den Tierarzt. Zu den akuten Zustände zählen sowohl Hornautverletzungen als auch Augen, die aus der Augenhöhle herausgetreten sind. Hier sind sofortige Maßnahme unbedingt erforderlich. Gerötete Augen weisen auf eine Reizung hin, die durch reizende Stoffe (zum Beispiel Wasch- und Putzmittel oder ungelöschter Kalk auf Baustellen), Allergien oder Fremdkörper im Auge verursacht sein können. Wenn Sie die Ursache nicht genau kennen, versuchen Sie bitte nicht das Übel durch Spülungen mit Wasser zu beseitigen, denn Wasser kann bei bestimmten Reizstoffen zu einer Auflösung und Verteilung führen. Suchen Sie besser sofort den Tierarzt auf, der das Auge genauer untersuchen kann. Ständig tränende Augen können auf unterschiedlichste Allergien hinweisen, die genauer untersucht werden müssen.

Gerade Trübungen der Linse, der Vorfall der Nickhaut oder schlaffe, hängende Augenlider sind meist Anzeichen ernst-

hafterer Erkrankungen und machen einen Tierarztbesuch unabdingbar.

Bei Verletzungen des Auges muss dieses unbedingt geschlossen und feucht gehalten werden. Ein Verband um den Kopf des Hundes wird nicht halten, da der Hund diesen abzustreifen versucht. Besser legen Sie auf das verletzte Auge einen nassen Watte-Pad und halten den Kopf selbst fest. Je nach Schwere der Augenverletzung fahren Sie zum Tierarzt oder gleich in eine Tierklinik.

Impfreaktionen

In seltenen Fällen kann es bei Ihrem Hund zu einer Überempfindlichkeit gegen einzelne Impfstoffe kommen - eine sogenannte anaphylaktische Reaktion bis hin zum Schockzustand ist die Folge. Eine Schwellung der Schnauzenregion und an der Einstichstelle kurze Zeit nach der Impfung sind eindeutige Anzeichen. Bringen Sie den Hund unbedingt sofort zum Tierarzt, der die notwendigen Gegenmaßnahmen einleitet. Die Situation ist meist nicht lebensbedrohlich, muss jedoch behandelt werden. Da die meisten Impfungen lebensnotwendig und dringend vorgeschrieben sind, können sie nicht einfach umgangen werden.

Da die ersten Impfungen schon bei Ihrem Züchter erfolgen, kann er Sie über bekannte Unverträglichkeiten informieren. Unterrichten Sie Ihren Tierarzt demnach bei allen Impfungen immer über bereits bekannte Unverträglichkeiten Ihres Hundes.

Mein Leonberger

Platz für das erste Foto Ihres Welpen

_____

Mein Hund heißt

_____   _____

Mutter   **Vater**

_____

Züchter